美股達人Joseph揭密

巴菲特準星投資術

有些公司經營沒人感興趣的生意，卻默默在賺大錢，
這種違和感讓我覺得美國股市充滿魅力。

Joseph——著

Contents 目錄

第1篇

充實知識　穩固投資地基

第2篇

攻守兼備　提高投資勝率

Contents

第5篇

精算價格 放大投資成果

第6篇

實戰運用 建立口袋名單

台股股民的美麗新天地

價值投資方法的本質相差不大,但台股投資人通常只敢碰台股,原因不出二者:1.不熟悉買賣國外股票的管道、2.語言隔閡。

從第1點來看,早期若非口袋很深的大戶,要投資美股實非易事。不過近幾年,從線上券商到國內證券公司的複委託交易,已經大大降低投資美股的難度,《Smart智富》月刊也應讀者要求,數度針對如何投資美股做過專題報導,以圖文式教學便利讀者一看就懂,有興趣的讀者,可以在「Smart自學網」(smart. businessweekly.com.tw)上搜尋。

至於第2點語言隔閡,對於英文能力較弱的讀者,可能是一大困擾,畢竟作為價值投資者,翻看財報是選股的必要工作,但對多數看到英文就頭大的讀者而言,要讀英文寫成的財報,這不是折騰人的事嗎?所幸,有了《美股達人Joseph揭密:巴菲特準星投資術》這本書,將可極大程度地減低此煩惱。

本書作者 Joseph 自承英文程度只是一般，不論是否為謙詞，但他確實為英文能力欠佳的讀者要如何能夠快速掌握財報重點這件事做了諸多考量；並且根據他的實證經驗，美國公司的官版財報簡明易懂，只要快速掌握幾個重點，隨著經驗累增，像他只需要一杯咖啡的時間就能看完一家公司的財報。

為什麼是「一杯咖啡的時間」？這不是宣傳詞或無來由根據的形容，Joseph 就是這麼做的。他從上班族退休、成為專職投資人之後，平日的樂趣之一就是到星巴克（Starbucks）點一杯咖啡，然後開始閱讀公司財報，如果一杯咖啡的時間不能看懂這家公司的賺錢方式，那他就直接放棄。

要達到這個目標，必須這家公司業務簡單明瞭，也要符合他的能力圈，所以「一杯咖啡的時間讀財報」，不僅滿足 Joseph 退休後的學習樂趣，更是一個簡易的選股標準流程！

除此之外，Joseph 的另一個用心之處，在於深入研究股神華倫・巴菲特（Warren Buffett）的重大投資，並且歸納出共通原則。許多投資人過去可能對巴菲特如神諭般的言語感到困擾，不知如何能投入在實際應用上，但是透過 Joseph 在本書中所教導的原則，可以發現，巴菲特所選中的股票與買點，在數據上有著驚人的相似之處──這讓一般人也能跟著學習與重現，實為萬千股民之福。

　　拜讀本書，亦讓我習得許多，特別是對巴菲特在多筆重大交易的分析，文字淺顯易懂，分析鞭辟入裡，我相信這本書可以打開台股投資人的眼界，前進全球最大的資本市場，讓美國知名企業為你賺錢。

《Smart 智富》月刊社長

快速縮短與美股的距離

《美股達人 Joseph 揭密：巴菲特準星投資術》作者 Joseph，非常推崇股神華倫・巴菲特（Warren Buffett）的投資手法，他不僅從波克夏海瑟威公司（Berkshire Hathaway）過去數十年龐雜的交易中，歸納出巴菲特的選股邏輯，更把這些選股邏輯整理成一般人都能參考的指標。

由於 Joseph 非常佩服巴菲特將「投資如此神祕、隱晦又充滿術語的領域，用淺顯易懂的的文字說明」的功力，因此，他在本書中也試著用簡單易懂的說明，將他自己投資美股的經驗分享給讀者。

在書中，Joseph 提到，許多人不敢投資美股，是因為覺得自己英文不好；但他認為，其實英文只要有國中程度就夠用了。因為美國上市公司財報（10-K）是公司用來吸引投資大眾最重要的工具，通常不會寫得太難，讓一般人都看不懂。況且，對大部分的台灣投資人而言，生活與美國上市公司的關聯其實很緊

密，例如人手一支的蘋果（Apple）iPhone 手機、跑步常穿的耐吉（Nike）鞋子、早餐吃的麥當勞（McDonald's）漢堡等，想要了解這些美國公司，會比你想像中的還要容易；而 Joseph 也在第 4 篇中詳細解說自己是如何用「一杯咖啡的時間」讀懂美股財報。

此外，Joseph 也透過許多理論與大量實戰的例子，幫助台灣讀者縮短與美股投資之間的距離，讓跨國投資不再遙不可及。其中，令我印象深刻，也最值得讀者品味的部分包括：

◎從能力圈挖寶，「能力圈指的並非是要成為某個產業的『專家』，只要能夠判定哪家公司是該產業的贏家就可以了」（詳見第 2 篇）。

◎〈用一杯咖啡時間讀財報　就能對公司「懂一輩子」〉中，看財報的 3 訣竅（詳見第 4 篇）：

1. 掌握關鍵字與「＊」符號（＊代表異常現象或須特別解釋事件的附註）。
2. 注意關鍵數字。
3. 專注公司的經營模式，而非管理細節。

◎選股條件與買賣策略中的投資敗戰處理（詳見第 5 篇）：

1. 毫無回收希望的投資：賣掉全部持股，換回現金，買進新的公司。

2. 有希望但沒把握的投資：賣掉一半持股，將賣出股票所得的現金，再拿回股市重新布局。

3. 未來仍很有希望的投資：這種公司要問自己，如果現在空手，自己會積極買進這家公司嗎？如果答案是肯定的，當然保留，甚至加碼。

◎第 6 篇中的「任何時候都適合進場投資，因為市場上永遠有被低估的好標的在等著你發覺。只是千萬要記住，當你找到一檔擁有好價格的好股票時，一定要懂得與這檔股票廝守到老」。

整體而言，這本書的基本精神，除了投資理論之外，也提供了 Joseph 對巴菲特投資實例的研究，更充滿了實驗精神與他個人的實戰投資經驗。此外，Joseph 以一般大眾都能讀得懂的方法，分享閱讀美股財報的步驟與重點，也為想投資美股的讀者開拓一條平坦的道路，是一本淺出但深入的實用書籍，在此為本書推薦。

中央大學財金系教授

黃泓人

推薦序

贏家的祕密

　　自從在花旗銀行認識足智多謀的好夥伴 Joseph 以後，至今已經過了 15 個年頭。還記得 6 年前（2013 年），Joseph 突然説要退休，開展全新的 career（職涯）。我很好奇，究竟有什麼事情能吸引這位消費金融的業界奇才？Joseph 説，他要找到美股投資中「贏家的祕密」。

　　從那之後，Joseph 遍尋各種資料，還找了程式設計師一起作業，目標是找到「簡單、系統化、可行」的方法。今年（2019 年），我終於等到 Joseph 出新書《美股達人 Joseph 揭密：巴菲特準星投資術》。很榮幸為這位相交多年的摯友寫推薦序，希望能將此書分享給更多和他一樣對投資美股有熱情的讀者，讓大家都能持盈保泰、穩健投資，為自己現在或退休生活創造第二桶金。

　　這本書與一般坊間書籍的差別，在於 Joseph 希望給讀者的不是釣魚方法，而是一套釣具。Joseph 並未如一般投資銀行，運用複雜運算和衍生性金融商品避

險，也未用到學術上深奧的計量模型，而是以業主的角度來思考投資獲利。

在書中，Joseph 舉出許多貼近生活的觀察，例如好市多（Costco，美股代號 COST）、麥當勞（McDonald's，美股代號 MCD），甚至還有許多人都會用到的萬事達卡（Mastercard，美股代號 MA）等（詳見第 4 篇），並以幽默的筆法帶領讀者進入他的投資邏輯。我閱讀了這本書 2 次，依然覺得內容如此雋永、容易記憶。

Joseph 所使用的投資方式簡單、易懂，相信沒有太多投資經驗的素人，也能夠照書中方式自行演繹，這樣的功力令人由衷佩服。而 Joseph 的投資方式，對企業家亦特別適用，若企業家能採用這套金融投資的邏輯，相信能因此收到更好的成果。在專注長期投資的前提下，說不定企業家能運用的比我們想像的還要好。

除此之外，我覺得這本書的問世正是時候──過去的金融環境並未有這麼幸運過。

2008 年金融海嘯之後，投資人更加重視自己對投資組合的掌握度，不再迷信明牌、分析師，公司治理提高帶來的財報精確化、透明化，例如在網站上可以找到各家公司歷年的 ROE（股東權益報酬率）、EPS（每股稅後盈餘）、買

回庫藏股數量、股票分割等公開資訊。2009 ～ 2018 年這 10 年來，市場累積了足夠的資料讓投資人查詢，讓 Joseph 的投資方法有所依託。

而金融科技（FinTech）的崛起，也為一般投資人帶來方便的下單平台，包括手機、平板電腦等。上述種種改變，使得美股對於台灣人而言，不再是遙不可及的投資工具。

除了良好的投資環境之外，另一方面，我和 Joseph 常常提及，投資不但帶來財富的增長累積，還為我們帶來生活上的樂趣。業主型投資像是一場測試「誰是接班人」的考驗，你所選擇的公司若能找到進入障礙（即護城河），或是拋棄紅海、找到藍海（如擁有定價能力、ROE 提高等），股價波動反而成為增加持股的時機。而投資過程帶來的 accomplishment（成就），可能與財富帶來的 fulfillment（滿足感）一樣，令人開心。

再加上 2018 年以來，市場瞬息萬變，像是中美貿易戰、英國脫歐爭議、許多公司的生產工廠在轉移、銷售必須考慮市場課稅議題、英國和歐洲之間的貨物不再進出自如等，沒有一個機構投資人能夠用舊的投資模型創造出好績效；但若一般投資人能夠藉由閱讀財報和書籍，審慎評價出好公司的進場點，就有機會找到下一梯次的「接班公司」，如此一來，不但獲利能夠無窮，樂趣也會無窮！

　　我時常往返兩岸三地，見過無數企業英雄豪傑一直在找尋好的金融投資方法，也就是「贏家的祕密」，這本書就是他們在找尋的答案。我期望 Joseph 這本書除了在台灣發行，更能夠在大中華區發揮影響力。

　　投資需要專業、耐心和時間，好的方法讓大家有更高的勝率。更重要的是，好的方法讓投資人在過程中，能和朋友們感受到投資帶來的樂趣，那，才是贏家最大的祕密！

瑞士銀行香港分行董事總經理

自序

美股中最耀眼的那盞明燈

　　知道要寫自序之後，我回頭看了與《Smart 智富》記者周明欣之間 Line 的往來對話紀錄，是從 2018 年 8 月 1 日開始的，所以《美股達人 Joseph 揭密：巴菲特準星投資術》這本書，從進入編輯階段到成書已過了逾半年的時間，而我投資的美股部位，也在同時期經歷了績效漲 26%、跌 34%、又漲了 35% 的波動。

　　一提到「投資」，大家最先會想到的就是：「我可以有多少報酬率？」雖然我不希望單純以歷史數字來解釋美股，反而比較想探討支撐這個股市不斷上漲的背後因素，了解是哪些特質讓許多美國公司在其所屬產業屹立不搖。因為只有當公司在市場中存活下來，並且生意蒸蒸日上，才會有能力將獲利分享給股東，所以我研究個股時，會先注重「商業」（Business）本身，然後才是「投資」。不過，「為什麼要投資美股？」、「我可以有多少報酬率？」仍是合理且無可迴避的問題。

在繼續說明之前，先幫大家科普一下。研究美國股市時，大家比較常聽到的是道瓊工業平均指數（Dow Jones）、那斯達克指數（Nasdaq）和標準普爾 500 指數（S&P 500）這 3 大指數。道瓊工業平均指數是由 30 家公司構成的指數，那斯達克指數多是科技與新創公司，而 S&P 500 則是由美國市值最大的 500 家公司依市值大小的比率所構成的指數。

由於 S&P 500 的成分股中，包括了道瓊工業平均指數的所有公司，以及那斯達克指數中市值較大的幾家公司，所以 S&P 500 是大家公認最能反映美股的指數。你在研究美股時，如果聽到或看到「市場」這兩個字，指的就是 S&P 500。

至於「為什麼要投資美股？」這個問題，2018 年波克夏海瑟威（Berkshire Hathaway）「致股東信」中提到，過去 53 年（1965 ~ 2018 年年底），美國市場上漲了 11,196%，年複合報酬率為 9.7%，也就是說，如果有人在 1965 年的第 1 天拿出 1 萬美元，依市值比率投資 S&P 500 中的公司，經過 53 年，這筆投資連同股息，目前（2018 年年底）約值 150 萬美元（稅前）。如此亮眼的表現，全球恐怕難以找到可以與之匹敵的市場。

看到這裡，也許有人會開始感到猶豫，雖然很想投資美股，但又認為自己的英文程度不足以應付。其實閱讀美國公司的財務報表真的不難，因為很多美國

上市公司都是大家很熟悉的企業，且其營業模式很簡單，也很容易了解。舉例來說，麥當勞（McDonald's，美股代號 MCD）雖然市值近千億美元，但只經營一項生意，就是「賣漢堡」；耐吉（Nike，美股代號 NKE）也只賣運動用品；星巴克（Starbucks，美股代號 SBUX）只賣咖啡……，例子多得不勝枚舉，而我在第 4 篇中，也會教大家如何利用一杯咖啡的時間讀懂美股財報。

此外，投資美股還有另一個優點──前方有一盞偉大的明燈正在替你指引方向，那就是股神華倫·巴菲特（Warren Buffett）。

巴菲特在美股浸淫了超過一甲子的時間，他的投資績效有目共睹，只要套用他的選股方法（詳見第 3 篇），就能在美股中有不錯的獲利表現，因為美股中不乏簡單但偉大的好公司。而我自己利用這套方法，在美股中也獲得了穩健的績效（從 2012 年投資美股以來，6 年平均報酬率約 13%）。

我非常肯定這樣的績效會繼續下去，因為我投資的，都是簡單易懂且能夠持續獲利的「好公司」。就如同巴菲特所說的：「有定價能力（指找到好公司），你根本連辦公室都不用進去。」

本書的內容，大部分是我自己過去 5～6 年來的投資筆記，會將其集結成書，是受到好友逸志科技公司董事長徐黎芳的鼓勵，以及《Smart 智富》出版社副

總主筆劉萍的不嫌棄，才讓本書得以付梓。

當初會想要出書，是想把過去幾年的想法做一個整理，但在這個過程中，這股動力卻慢慢削弱，主要是因為市場上投資績效比我好的人如過江之鯽，加之市面上寫巴菲特或與美股有關的書籍那麼多，其實也不差我這一本書，很害怕寫出來後貽笑大方。不過，轉念一想，既然都已經開始了，就盡力把它完成吧！

全書共分 6 篇：第 1 篇闡述美股是如何進入我的生活；第 2 篇，我會帶領大家重新認識巴菲特，並就巴菲特常用的指標進行說明；第 3 篇則是描述我如何從巴菲特過往的投資當中，歸納出巴菲特的選股心法，也就是「巴菲特準星」；第 4 篇要教大家如何快速看懂美國上市公司財報、如何在網路上尋找研究美股的工具等；第 5 篇我要說明如何利用「現金流量折現法」（Discounted Cash Flow，簡稱 DCF）算價；最後，第 6 篇則是要和大家分享我在 2018 年 8 月利用這套指標所選出來的一些美國股票。

希望透過上述內容，能協助各位讀者在美國股市中找到心目中的好公司，並獲取不錯的長期報酬！

「業主型投資人 Joseph」版主

Joseph

第1篇

充實知識
穩固投資地基

投資世界無垠無涯
靠專業證照建立基本知識

2005 年，在我 34 歲以前，從沒想過「投資」這件事，更沒想過未來我的生活會是以投資為生。

一直以來，我都認為「努力上班、拼升遷、拼加薪」才是累積財富的正道。至於「理財」這件事，就交給太太去處理，這樣的策略，也確實讓太太和我在 30 幾歲時，就累積了一筆小小的財富。

這種狀況一直維持到 2005 年。然而好景不常，某天太太告訴我，她投資的基金大跌，賠了新台幣 400 萬元左右。這個數字對我們當時的財富狀況而言，的確不是一筆小錢，所以她的心情非常難過。而我也只能安慰太太，說我們的薪水都還算不錯，很快就會賺回來。

雖然藉由努力工作累積財富的確有用，但隨著資產規模變大，理財對整體財

富的影響也愈來愈大。我心想，該是積極面對「投資」這件事的時候了，於是我便和太太說：「以後理財這件事就交給我來吧！」

話雖如此，當時的我對於投資仍無半點頭緒，就連如何打電話向證券營業員下單都不會。「究竟該如何開始學習投資呢？」這個問題著實讓我煩惱了一段時間。

以「財富增值」為目標，決心通過財務金融界最難考試

那時候，我常常會觀看電視財經頻道上那些股市老師的教學，或者閱讀一些有關股票技術面的書籍，但因為工作經驗的關係，認為股價表現應該和公司的獲利有關（上班族應該都會這樣想吧），然而技術面是憑藉過去股價表現預測未來，這和我心中的想法不同，所以馬上我就下了一個判斷──這些東西都不是我想要的！

後來，在機緣巧合之下，我發現有一種「美國特許財務分析師」（Chartered Financial Analyst，簡稱CFA）證照，很多優秀的專業投資人都會考取這張證照，於是我立刻上網去了解CFA的考試內容。進行了幾道模擬試題後，我心想，CFA的考試內容，涵蓋了會計與投資組合管理等項目，應該可以增進我投資的功力，「就決定是這個了。」

　　因為答對了網站上大部分的簡單模擬試題，為我帶來了愚蠢的自信，所以我沒有考慮太多，立刻開開心心地報名了這個被稱為「財務金融界最難」的考試。然而，開始認真準備考試以後，我才發現，CFA 真正的考試內容，比起模擬試題其實要難上好幾百倍。

　　以前我在念大學時，雖然曾學過一些財務金融、會計的相關知識，但畢業了那麼久，當時學到的東西都已經還給老師了，真正的財經基礎可以說是趨近於零。不過幸運的是，CFA 官方的課程內容，是以循序漸進的方式設計，而且非常引人入勝，讀起來相當有趣。就算是像我一樣英文沒有很厲害，也沒有什麼財經基礎的門外漢，也能有個很好的開始。

　　用「有趣」來形容財務金融與會計課程內容，恐怕很多人都難以同意，但對當時的我而言，就是這種感覺。因為我想考取 CFA 證照的主要動機，就是希望能運用所學，使財富增值——再也沒有什麼比這更好的目標了，為了達成這樣的目標努力，能不有趣嗎？

牛刀小試，初入股市獲利 10% 出場

　　報名 CFA 到完成 3 階段的考試（Level 1 ～ Level 3，註 1），總共花了我 2 年半的時間。其課程內容非常多元，不但有簡單的複利觀念「金錢的時間價值」

（Time Value of Money），也有複雜到要用一個黑板才能夠寫得下的期權定價模型「布萊克 - 休斯 - 墨頓模型」（Black-Scholes-Merton Model，註 2），應有盡有。

其實到後期，很多課程內容已經超過我原本的需求，但當時因為「頭已經洗下去」，我就一心只想著要考過 CFA，根本忘了我最初報名考試的目的，一直到完成 Level 3 考試前，我都處於非常忙碌的半工半讀狀況，完全沒時間進場操作，因此，即使通過了 CFA 考試，我還是不知道該如何打電話向證券營業員下單。

花了 2 年半的時間學習相關知識，讓我實在很想立刻將所學運用在實際生活中。於是，在我考取 CFA 證照後，我就急忙開了證券戶，想要試試身手——終於，我打了第 1 通電話，向證券營業員下單買了股票。

說來有趣，雖然我花了許多時間學習所謂正統的股票分析技巧，但在實際運用上，卻完全派不上用場，一開始只能憑我的感覺，胡亂買進鴻海（2317）與國泰金（2882）等股票。

註 1：編按：CFA 考試共分 3 級（Level），考生每年只可報考 1 個階段的考試，根據統計，每個 Level 的上榜率約 40%，3 級全過的錄取率降到 10% 以下。一般從業人員通過 3 級考試拿到證照的時間，多半要花 3～5 年。
註 2：編按：又稱布萊克 - 休斯模型（Black-Scholes Model，簡稱 BS 模型）。

　　於此同時，我在上班時間也開始「盯盤」，只要一有空，我就會看著那些跳動的數字（股價），或者是關注個股的新聞。就這樣持續了一段時間後，因為工作逐漸繁忙，實在沒有時間每天「盯盤」了，因此我的牛刀小試，就在報酬率約 10% 的小小獲利中，草草結束。

　　後來我很慶幸，當時工作的因素讓我離開了股市，因為這救了我一命——沒多久，2008 年的金融海嘯便席捲了全球。

1-2

站在股神的肩膀上
釐清投資觀念

如果要說從股票中有經濟意義的獲利經驗（make economic sense），最特別的，當屬 2008 年年底那一筆不情願的意外之財。

當時我在一家銀行擔任部門主管，然而受到金融海嘯的影響，使得所有金融業受傷慘重，公司股價跌得一塌糊塗。公司高層告訴身為主管的我，應該自掏腰包買一些公司股票來展現忠誠；而我的長官也告訴我，因為是購買公司庫藏股，所以會比市價便宜，一般主管可以買的上限大約是半年薪資，他可以幫我爭取買到 1 年薪資──在那個風雨飄搖的年代，沒有人會認為這個提議有什麼善意。

因為我的薪資有一大部分與公司獲利表現等關鍵績效指標（KPI）掛鉤，公司獲利表現好，我的收入就高；公司獲利表現不好，我的收入就會跟著減少，實在沒有必要讓風險更加集中。但礙於情面，我還是滿心不痛快地買了一些公司

股票，但當然婉拒了長官要費心幫我爭取的「大便宜」。

　　1年後，我轉職到另一家公司上班，在離職前，依規定，我必須結算手中的公司股票，結果發現，當時我心不甘情不願買的公司股票，居然賺了420%，這真是一筆買時不情願，但事後卻又令人搥胸頓足的意外之財。

　　截至目前（2019年3月）為止，就算費盡心思，我也沒有任何一筆投資能賺到如此高的報酬率。人生有時就是如此諷刺。

　　2010年，在新工作穩定後，我繼續之前停下的投資大挑戰。說實話，在準備「美國特許財務分析師」（CFA）證照時所學到的知識，和實戰有一段滿大的落差，因此我想要進一步去了解一些股市成功人士的經驗。

濃縮前人智慧，總結出「選股」、「評價」2指標

　　除了參加許多投資課程之外，我也閱讀了大量書籍，然而市面上的投資書籍，我看得下去的，都是國外名人的成功經驗，例如德國投機大師安德烈・科斯托蘭尼（André Kostolany）、金融巨鱷喬治・索羅斯（George Soros）、傳奇基金經理人彼得・林區（Peter Lynch）與股神華倫・巴菲特（Warren Buffett）的相關著作。

在這些投資大師之中，我最欣賞巴菲特闡述的投資觀念；此外，加上我在不斷追尋可用的投資方法過程中，巴菲特的名字總是不斷出現，於是我開始閱讀他那些投資界的曠世巨作「波克夏海瑟威（Berkshire Hathaway）『致股東信』」。

在深入研究後，我才慢慢地把腦中那些原本龐雜的投資觀念簡單化。在觀念形成的過程中，我並沒有遇到太大的阻礙，因為我最原始的投資切入點，就是財務基本面分析，所以對投資的想法從未進入技術面這一塊；除此之外，我也不考慮總體經濟對股市的影響，雖然整體經濟表現會影響股市，但我不清楚兩者之間的關聯性，也無法預測其影響，所以乾脆全部放棄，直接從公司個別的財務表現切入就好。

而我將一切知識與經驗濃縮後，總結出「選股」和「評價」2 大指標，將這 2 大指標轉換成可執行的方法，就是「選出好公司，以合理的價格買進」──這是投資真正走進我生活的起點，也是我投資方法的基石。

這 2 項指標都有客觀的財務數字，也符合邏輯。舉例來說，好公司具有好的管理效能，在財務指標上就是「股東權益報酬率」（Return On Equity，簡稱 ROE，詳見 2-3 ），而股票合理價格則可以透過「現金流量折現法」（Discounted Cash Flow，簡稱 DCF）的方法算出（詳見 5-3 ）。

　　我靠著這套方法，跟隨一些投資理念相近的前輩在台股中找尋投資標的，曾投資過如中碳（1723）、台積電（2330）、帝寶（6605）、美利達（9914）、巨大（9921）、中聯資源（9930）與好樂迪（9943）等不錯的股票，投入資金與規模約是當時資產的 20% ～ 30%。

　　經過 2 年，雖然在報酬上有些斬獲，部位大概有 50% 左右的獲利，對我的整體資產貢獻了一些增長，但不知何故，我自己的投資理念與實際操作之間，仍然有種隔靴搔癢的感覺。

　　一直到 2012 年，經朋友推薦後，我才真正接觸了美股，並開設了美股證券戶，此時終於覺得找到了長期投資樂園。不僅如此，我還將當時超過一半的資產統統換成美元，真金白銀地去實踐想法。

1-3

接觸美國股市
發現沉默金雞母俯拾即是

對我而言，買股票不只是買一張紙（現在連紙都沒有），而是參與一家活生生的企業。就像投資朋友開在夜市的飲料店一樣，每當看到有人點珍珠奶茶，我的心中就會開始竊喜，感覺就像有一塊錢流進了我的口袋。我喜歡這種投資最原始的形態，也就是當老闆的感覺。美股有許多餐飲業的好公司，因此最能滿足我這種偏好；而台股大多為科技製造業，對沒有相關背景的我而言，實在沒什麼趣味。

美國的科技領先全球，比較容易在新聞中看到的都是一些新創公司，如臉書（Facebook，美股代號 FB）、Google（母公司 Alphabet 的美股代號 GOOGL）、特斯拉（Tesla，美股代號 TSLA）等，再加上美股沒有漲跌幅限制（註1），讓人有一種很投機的感覺。

註1：編按：台股漲跌幅限制為10%。

033

當我實際接觸美股後，才發現美國公司的經營模式易於了解（與飲料店差不多），許多公司擁有高股東權益報酬率（ROE），且因為美國是老牌的資本主義國家，具有非常堅實的傳統產業基礎，產業地位穩固的公司還真不少。

其實對大部分的台灣人而言，美國上市公司可說是「最熟悉的陌生人」。想像一下你是怎麼度過週末的：一早被蘋果（Apple，美股代號 AAPL）發行的 iPhone 手機鬧鈴叫醒，穿上耐吉（Nike，美股代號 NKE）的鞋子去跑步；運動後到麥當勞（McDonald's，美股代號 MCD）吃早餐，回家路上再到星巴克（Starbucks，美股代號 SBUX）買杯拿鐵。

中午不想煮飯，就叫達美樂（Domino's Pizza，美股代號 DPZ）外送披薩，下午到好市多（Costco，美股代號 COST）買整箱的可口可樂（Coca-Cola，美股代號 KO）、寶僑（Procter & Gamble，簡稱 P&G，美股代號 PG）洗髮精與百事公司（PepsiCo，美股代號 PEP）的玉米片等，結帳時使用 Visa（美股代號 V）的信用卡；晚上在家，就把電視頻道轉到 HBO（註 2）看電影《美國隊長》（Captain America）——其實我們的生活，比想像中更「美國」。

挑產品、服務簡單公司，不怕語言隔閡阻擋賺錢路

奇怪的是，我們掏錢買美國產品時總是毫不猶豫，但真的要將資金投入美國

股市時卻又常常卻步。其中，英文是公認的第一大障礙，但事實上這一點都不重要，或者該說是並不難。讓我用一個例子來破除大家對英文的迷思。

當我著手了解 Cintas（美股代號 CTAS）這家公司時（沒聽過？這就是我要說的重點！），發現其生意主力是「Rental Uniforms」。糟糕！有 2 個不認識的英文單字出現了。但當你查完字典（或許不用），發現這 2 個字意思是「出租」、「制服」，合起來就是「出租制服」，「Uniforms」（制服）字尾有 1 個「s」代表複數，也就是出租很多制服。很簡單，不是嗎？

只要具備國中程度的英文，很容易就可以了解一家聽都沒聽過的公司，雖然我連這家公司的名字都不太會念，但我知道「出租制服」。在了解一家公司的過程中，英文這個問題只會困擾你一次、一下子。

反觀台灣投資人最愛的公司之一台塑（1301），專門生產氯乙烯（PVC）單體、液鹼（註 3）、環氧氯丙烷（Epichlorohydrin）、丙烯腈……，講到這裡，相信你跟我一樣，已經頭昏腦脹了。老實說，這些名詞沒有一個我懂，甚至 3 分鐘後要我再重複一次都有困難。雖然這些名詞都是用中文書寫，但難度卻足

註 2：編按：一個美國的付費有線與衛星聯播網，為時代華納公司所擁有。
註 3：即液態狀的氫氧化鈉，化學式 NaOH。

以困擾我一輩子。

比較 Cintas 跟台塑，或許你會問，一家出租制服的公司怎麼跟台塑帝國相比？可不要瞧不起出租制服的公司，Cintas 可不是大學生常去訂做系服的學流風，而是標準普爾 500 指數（S&P 500）裡的好公司。2014 年，Cintas 稅後淨利約新台幣 140 億元，獲利能力讓很多台灣上市的電子大廠都望塵莫及，台塑同期獲利則約新台幣 170 億元。

要知道，就算使用搜尋引擎龍頭 Google 查詢，也很難查到跟 Cintas 相關的資料，更別說華爾街（Wall Street）有哪些知名分析師在追蹤這家公司。然而，如果你在 2014 年 3 月 10 日收盤時買進（每股股價 59.39 美元），持有至 2019 年 3 月 10 日收盤時賣出（每股股價 202.53 美元），5 年期間報酬率可是高達 241%（＝（202.53 美元／ 59.39 美元－ 1）×100%）。

美國市場上，充斥著許多這種「經營沒人感興趣的生意，卻默默在賺大錢」的公司，或許就是這種違和感，讓我覺得美國股市充滿魅力。

1-4

找出自己能理解的好公司
布局美股42歲就退休

美國股市中有成千上萬家公司，如何從裡面找到適合自己投資的公司？先不管美國，也不說股票，讓我們先談談「投資」這件事。

跟很多朋友在聊天時，常常會聽到：「如果你要開一家飲料店，讓我『參一腳』。」當你腦中出現這個「參一腳」的想法時，你的腦袋已經形成了投資的點子。

尋找投資標的，不需要搞懂所有的公司，只要懂得避開自己不懂的公司，從自己知識範圍能了解的公司先下手即可。

在投資美股之前，我從沒去過美國，英文也不是很強，這樣的我又是如何開始投資美股的呢？很簡單，從前輩給的推薦名單先摸索，慢慢地接觸一些美國股市討論區或網站，看看一般美國投資人怎麼看這些公司，最後再直接閱讀公

司財報（10-K，註1）。

　　通常我會到星巴克（Starbucks）點一杯拿鐵，坐在我喜歡的固定位置（我稱為「Joseph's Corner」），並開始看10-K。一份10-K動輒上百頁，又全是英文，我當然不會每一頁都仔細閱讀，而是把重點放在「商業」（Business）部分（詳見4-2）。

　　如果一杯咖啡的時間內，我仍無法了解公司的核心生意，我就會直接放棄，不會再點第2杯咖啡了。

　　這樣的做法是不是很草率？剛好相反，避開不懂的東西是一種更為嚴謹的做法。我的目標，只是想把投資美股這件事變得與投資朋友的飲料店一樣簡單，用自己現有的生活經驗與常識就能判斷，而不是花許多時間去學習新的知識。

　　每個人的生活經驗與知識範疇大不相同，如果你對某些特殊領域有所專精，當然也可以多朝這些方向尋找。就算放棄很多你不懂的公司，在浩瀚的美國股市中，仍然可以找到上百家簡單易懂、產業地位穩固、高股東權益報酬率（ROE）的好公司，這對一般投資人而言，已經很夠用了。

　　投入美股1年後，我在2013年退休了。當時我才42歲，與一般人設定的

退休年齡 60 歲相比，算是非常年輕；再 2 年後，2015 年，我太太也退休了。

　　起初我向太太表達想要退休的想法時，她以為我休息夠了就會重回職場。不僅是我太太，很多朋友也這麼認為，所以在我休息幾個月後，依舊熱心地幫我找工作；直到 3 年後，也就是 2016 年時，大家才終於相信，我真的退休了。

看好美股潛力、放大部位，退休花愈多卻愈富有

　　回想起來，第 1 年投資美股的報酬並不驚人，報酬率僅 13.6%。也不知道是哪裡來的自信，然而我真的認為自己可以靠投資過生活。事實上，我並沒有很排斥上班，只是我在想，如果投資耍廢就能過生活，為什麼要去上班？

　　不過，雖然我說現在自己是靠著投資過生活，但我並非真的以此過活，而是因為我太太和我在退休前所做的準備（就是賺錢和存錢），讓我們就算不用進行太積極的投資，也足以支應生活所需。

　　一般而言，退休者財務資產的最頂峰應該是在退休那年，之後會開始慢慢減少。一旦退休，除了沒有收入之外，手機費、通話費與交通費，也不再由公司

註 1：編按：美國有些公司有 2 種財報：Annual Report 與 10-K，後者為美國證券管理委員會（SEC）的正式財報。

幫我支付；而且退休後因為時間變多，出國旅行的次數也增加，所以花費還比上班時來得高。

2012 年～ 2019 年 3 月，我在美股投資部位的報酬率平均約為 112%，可以說自從我在 2013 年退休以後，5 年多來的生活都沒有花到任何一分老本。甚至可以說，我錢花得更多，卻變得更富有了──這種感覺很不錯，而且我相信這樣的日子會持續下去。

從投入的資產比率來看，最初我在 2012 年投入美股的資金約占整體資產的一半；經過增值後，目前（2019 年 3 月）美股投資的部位已經超過我整體資產的 75%。理論上，過度集中的風險增高了，應該調整一下資產配置，但我卻不想調整持有美股的方向，因為我認為美股依舊極具潛力。雖然美股資產波動時的絕對金額愈來愈大，不過反正都是賺來的，我的心中也就比較沒有太大的壓力。

我也希望我的投資方法能夠繼續奏效，直到有一天，美股投資的部位能占我整體資產的 99% 為止，讓美國的好公司，為我賺取更多的財富。

第2篇

攻守兼備
提高投資勝率

汲取股神核心精神
投資美股更能得心應手

我在第 1 篇時提到，我很欣賞股神華倫‧巴菲特（Warren Buffett）的投資理念，接下來，我將針對此點進一步說明。

2016 年，許多媒體大肆報導巴菲特持有的波克夏海瑟威公司（Berkshire Hathaway，美股代號 BRK）宣布買進蘋果（Apple，美股代號 AAPL）股票。由於蘋果並非大眾心目中的「巴菲特概念股（註 1）」，此舉引起市場不小震撼。

巴菲特這次的投資，連與他相交超過 50 年的朋友查理‧蒙格（Charlie Munger）都對他說：「你要不是瘋了，就是還在跟市場學習。我相信你是還在學習。」如果一個全球首富等級的 8 旬老翁都還在學習，我們又怎麼可以停止學習呢？

你要知道，在世界排名前幾名的富豪中，像是微軟（Microsoft）創辦人比爾‧

蓋茲（Bill Gates）、亞馬遜（Amazon）創辦人傑夫・貝佐斯（Jeff Bezos）等人，大多都是靠創業成功致富的；只有巴菲特不是靠創業，而是單純靠投資致富的——這也是為什麼我們要學投資，就必須學習巴菲特的原因。

善用保險浮存金、投資能力，巴菲特打造出投資帝國

從過去的經驗來看，巴菲特的成功有 2 大要素：

要素1》保險浮存金

第 1 個是波克夏旗下保險公司（註 2）產生浮存金（註 3）的能力（詳見圖 1）。「浮存金」就是保險公司收取保費但還沒理賠出去的錢，在資金滾動的狀況下，這些錢可能會存放在波克夏公司數年，而這些錢就提供巴菲特源源不絕的投資資金；換句話說，就是保戶借錢給巴菲特進行投資。「浮存金是一筆我們持有，但卻不屬於我們的資金。」巴菲特説。

波克夏海瑟威 2016 年年報中提到，因為旗下保險公司的核保相當有紀律，過去 14 年（2002 ～ 2016 年）稅前保險淨利為 280 億美元，也就是説，

註 1：編按：指符合巴菲特價值投資觀念的股票，如有高股東權益報酬率（ROE）、護城河等。
註 2：編按：包括蓋可公司（GEICO）、波克夏再保集團（BHRG）等。
註 3：編按：浮存金（float），類似台灣的保險準備金。

保戶出借近 916 億美元給巴菲特投資，這筆錢每年賺的 20% 算巴菲特的（註 4）；除此之外，保戶平均每一年還要付給他 20 億美元（＝ 280 億美元／14 年）。

對巴菲特來說，浮存金確確實實「比無成本更低」。他曾經打過比方說，這（指浮存金）就像是你從銀行貸款，你不僅不需要支付利息，銀行反而還要向你支付利息，「還有比這更好的獲利模式嗎？」

要素2》投資能力

每次講到這裡，都會有人說：「如果我有浮存金，就能成為巴菲特。」但事實並非如此。過去 50 年來，世界上出現了成千上萬家的保險公司，每一家都有浮存金，卻只出現了 1 家波克夏海瑟威，其中最大的差異，就是巴菲特第 2 個重要的能力：投資。

說到投資，就不得不提及巴菲特所持有的波克夏海瑟威公司。早在 1977 年，波克夏還是一家紡織廠的時代，巴菲特就為這個仍在襁褓中的帝國定下了投資 4 準則：

1. 只投資我們可以理解的公司。
2. 公司長期展望佳。

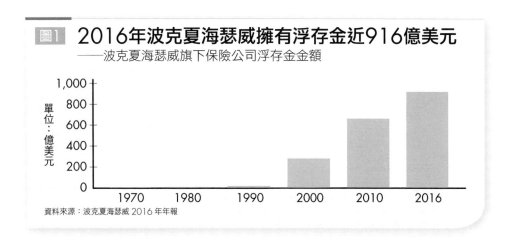

圖1 **2016年波克夏海瑟威擁有浮存金近916億美元**
——波克夏海瑟威旗下保險公司浮存金金額

資料來源：波克夏海瑟威 2016 年年報

3. 誠實有能力的管理層。

4. 公司價格具吸引力。

「投資 4 準則」是巴菲特投資核心精神的最早雛形，目標就是找到好公司，以合理或便宜的價格買進，然後長期持有，分享這家公司賺來的利潤。波克夏就在這樣的策略中「一暝大一寸」，40 年後成為美國《財星》（Fortune）雜誌 2017 年全球 500 大企業中的第 8 名。

或許你對「全球 500 大企業中的第 8 名」沒有任何概念，因此，讓我們用

註 4：編按：指巴菲特每年的投資報酬率有 20%。

表1　至2017年，波克夏海瑟威股價成長達2萬4047倍

——1964～2017年波克夏海瑟威報酬率

投資績效	整體報酬率（％）	年化報酬率（％）
淨值	1,088,029	19.1
股價	2,404,748	20.9

註：整體報酬率資料統計期間為1964～2017年，年化報酬率為1965～2017年
資料來源：2017年波克夏海瑟威「致股東信」

實際數字來看看巴菲特的投資績效。

　　2017年波克夏海瑟威「致股東信」中提到，波克夏海瑟威自1964～2017年這53年間，淨值成長了1,088,029%，也就是1萬880倍，年化報酬率為19.1%；股價成長了2,404,748%，也就是2萬4,047倍，年化報酬率20.9%（詳見表1）。同一時期，標準普爾500指數（S&P 500）股價僅成長155倍，年化報酬率為9.9%。

　　淨值指的是巴菲特的投資績效，股價就不用多加解釋了。波克夏海瑟威股價和淨值年化報酬率的差距為1.8個百分點，看起來差距不大，但整體報酬率卻差了1萬3,167倍（＝2萬4,047倍－1萬880倍）。

　　從這裡就可以看出「複利」所造成的差異，即便是1.8個百分點的差距，經

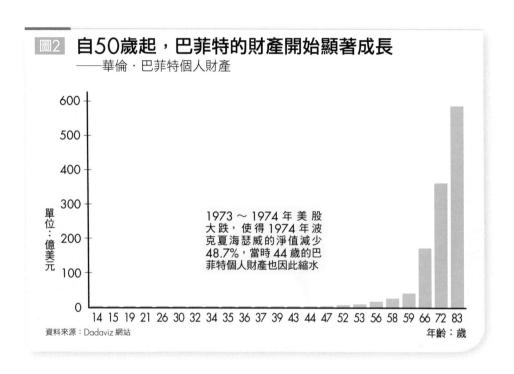

圖2 自50歲起，巴菲特的財產開始顯著成長
——華倫·巴菲特個人財產

單位：億美元

1973 ～ 1974 年 美 股大跌，使得 1974 年波克夏海瑟威的淨值減少 48.7%，當時 44 歲的巴菲特個人財產也因此縮水

資料來源：Dadaviz 網站　　　　　　年齡：歲

過乘以 53 次方（53 年）之後，會造成 1 萬 3,000 倍以上的差距。

美股是實踐巴菲特投資理論最佳戰場

再來看看巴菲特個人的財產。巴菲特 14 歲時（1944 年），財產僅有 5,000 美元（約合新台幣 15 萬元），然而到了 83 歲（2013 年），財產卻變成 585 億美元（約合新台幣 1 兆 7,550 億元），增加了約 1,169 萬倍（＝

585 億美元／ 5,000 美元－ 1），同一期間，S&P 500 股價只成長了 153 倍左右，連巴菲特個人財產的零頭都沒有。

從圖 2 中可以看出，巴菲特有 99% 的財產是在他 50 歲以後賺到的，所以再過幾年，當我 50 歲時，我就要開始大發了。

從上述分析來看，不論是波克夏海瑟威的投資績效或巴菲特個人財產的累積，兩者表現都遠勝 S&P 500。因此，想學投資，就要學巴菲特，尤其是對美股有興趣的投資人──因為巴菲特的所有理論，都是從美股中實戰得來的；換句話說，美股也是實踐巴菲特理論的最佳戰場。

善用能力圈＋護城河
挖出股海寶藏

　　華倫・巴菲特（Warren Buffett）的投資理念之所以會受到歡迎，有個非常重要的因素，就是因為他將「投資」如此神祕、隱晦又充滿術語的領域，用淺顯易懂的的文字說明，並且提供了許多成功與失敗的寶貴實證。

　　除此之外，他也為一般投資人設定了一些選股或評價的準則，例如如何從自己已經具備的學習經驗中找到可以投資的公司，而好公司又應具備何種條件等簡單又實用的方法，不管是投資新手或老手，都能從他的理念中得到啟發。

從能力圈挖寶，大幅降低投資失敗機率

　　巴菲特曾經提及「能力圈」（Circle of Competence）選股，也就是要挑選自己能理解的公司。他在 1996 年波克夏海瑟威「致股東信」中說過，投資人所需要的能力，是要能評估「挑選」出來的企業。請注意「挑選」這個詞，投

資人不需要懂每一家或很多家公司，只要有能力評估自己能力圈內的公司就好了，而能力圈的大小也不重要，重要的是要了解自己的極限在哪裡。

也就是說，能力圈指的並非是要成為某個產業的「專家」，只要能夠判定哪家公司是該產業的贏家就可以了。巴菲特就曾經在一場大學的演講中，謙虛地說，用「能力圈」這個條件對所有公司進行篩選，他總共刷掉了市場上 90% 的公司。

舉例來說，在 1997 年波克夏海瑟威「致股東信」中，巴菲特承認，當時他正打算賣掉手上所有的美國運通（American Express，美股代號 AXP）股票，然而很幸運地，他在高爾夫球場上遇到很了解信用卡市場的赫茲汽車租賃公司（Hertz，美股代號 HTZ）執行長奧森（Frank Olson）。

巴菲特跟奧森聊了幾洞以後，得到許多信用卡常識，就決定不賣美國運通了，最後球賽結束時，巴菲特做了與第 1 洞時完全相反的決定——他準備大量買進美國運通。數個月後，巴菲特買下美國運通 10% 的股份，成為最大股東；次年，也就是 1998 年，他很開心地告訴股東，這筆投資讓大家賺了 30 億美元。

受到此次投資成功的鼓舞，巴菲特認為自己已經變成信用卡專家，便要求旗下有大量保戶的汽車保險公司蓋可（GEICO）投入信用卡市場，即使眾人反對，

他仍堅持己見。這是巴菲特極少數介入公司經營的案例，但最後卻是以慘賠收場，他只好灰頭土臉地向所有阻止他的人與股東道歉，並承諾以後不再對公司指手畫腳。

就投資人而言，我們對某個產業了解的程度，並不需要知道該如何將一家企業經營成功，只要懂得如何找出在該產業已經成功的企業即可。

然而，巴菲特要蓋可公司投入信用卡市場的例子也告訴我們，這個邏輯反之不然，就算能判斷出產業贏家，並不代表有能力複製一家同樣成功的企業。

至於要如何尋找能力圈呢？其實在日常生活中，類似的例子唾手可得，例如台灣 2018 年的麥當勞（McDonald's，美股代號 MCD）「大麥克之亂」，就是因為台灣分公司為了慶祝代言人戴資穎奪得亞洲運動會羽球冠軍，宣布舉辦大麥克買 1 送 1 活動，創造出 10 倍銷售業績，結果連帶所有店內其他商品也銷售一空，最後還得關店休息。

判斷麥當勞是否是一家好企業很難嗎？就算沒有去過美國，相信很多人都能夠判斷，而這就是你的能力圈，所以從這個方面下手就是很好的選擇。若是行有餘力，想擴大或強化自己能力圈的人，則可以透過閱讀財報來增強（如何看懂美股財報方法，詳見第 4 篇）。

觀察護城河，先看公司「定價能力」

除了從能力圈中挖寶以外，巴菲特又提出「護城河」的概念，而他應該是第1個提出「經濟護城河」（Economic Moat）概念的人，此後這個概念被世人視為選股圭臬。

巴菲特認為，「如果擁有一座美麗的城堡，但有人想攻擊你並奪走城堡，此時我希望在這座城堡周圍有又深又廣的護城河保護著。」因此，當你擁有一家獲利良好的企業時，當然希望這家企業具有可長可久的競爭力，建立起自己的護城河，才能不費吹灰之力就將競爭對手拒於門外，而非靠著一場場的流血競爭才能存活。

2007年波克夏海瑟威「致股東信」中提及「護城河」保護的「城堡」是什麼？當然就是公司獲利能力的核心——股東權益報酬率（Return On Equity，簡稱 ROE，詳見 2-3），護城河就是用來保護公司的 ROE 在經濟衰退或競爭中能保持不墜。

那麼，該怎麼判斷一家公司有沒有護城河？當年巴菲特在「致股東信」中也有舉例：一種是成本低廉（Low Cost Producer）的公司，如蓋可、好市多（Costco，美股代號 COST）；另一種是超強的世界級品牌，如可口可樂

（Coca-Cola，美股代號 KO）。

至於這些公司又有什麼共同的特質？其實巴菲特也沒講得很清楚，直到 2016 年，一份有關「金融海嘯查詢報告」的機密文件解密後，我才百分之百地確定巴菲特對護城河的想法。

這件事情要從 2009 年講起。當時美國政府為了調查引發 2007 ～ 2008 年金融海嘯的原因，組成一個 10 人的「金融危機調查委員會」（Financial Crisis Inquiry Commission，簡稱 FCIC），並展開為期 15 個月的調查。在此期間，委員們有權可以調閱相關文件，或對商業界、學術界、政府官員等相關人士進行訪談、蒐證。

在調查過程中，FCIC 認為美國信用評等公司穆迪（Moody's，美股代號 MCO）、標準普爾公司（Standard & Poor's）和惠譽（Fitch）在 2007 ～ 2008 年期間給予次級房貸等不良金融商品「AAA」的評價等級，是最後導致金融危機的因素之一。由於巴菲特是穆迪的大股東，調查委員邦迪（Brad Bondi）想了解為何巴菲特會投資這家公司，以及他對該公司經營管理的涉入程度。

這段訪談發生在 2010 年，之後被列為機密文件，直到 2016 年 3 月才解

密。證詞長達103頁，但前幾頁中，已將巴菲特畢生的投資觀念精華和盤托出，意外變成了一份經典的價值投資教材，相當精彩。

這份證詞的內容，雖然跟巴菲特在公開場合講的沒有太大差異，但更加簡單、明確、生動，是一段相當有趣的對話。我將這份證詞大意進行了節錄（非翻譯，以自己的理解稍作調整）。

邦迪：「當你1999年第1次買進鄧白氏（Dun & Bradstreet，簡稱DNB，為穆迪在2001年分拆前的母公司），以及2000年第2次買進這家公司時，你和你的研究團隊做了何種實地查核（due diligence）？」

巴菲特：「沒有你所謂的研究團隊。所有的投資分析和投資決策都是我一個人做的，只是一些基本的分析，我沒接觸過任何鄧白氏或穆迪的人。鄧白氏的生意模式很好，穆迪的更棒。基本上，要不要投資一家公司，最重要的是看它有沒有『定價能力』（pricing power）。如果一家公司可以調高售價，但客戶一個也不會跑到競爭對手那裡，這就是個絕佳的生意模式；如果一家公司連售價調高一毛錢，都必須祈禱客戶別跑掉，這種生意就糟透了。兩種公司我都有，非常清楚其中的差異。」

邦迪：「你和你的老師葛拉漢（Benjamin Graham）都曾提到公司管理階層

的重要性，穆迪的管理階層有什麼吸引你的地方？」

巴菲特：「是的。但我對穆迪的管理階層毫無所悉。我曾說過許多次，一個再優秀的主管，經營一家生意模式很爛的公司，最後還是爛公司會獲勝（註1）。如果你有一家獨占市場的報紙或電視台，就算你的白痴外甥也可以把公司經營得很好。一家公司的生意模式如果很好，誰來經營都沒差——絕佳的公司並不需要很好的管理階層，只要公司有『定價能力』，你根本連辦公室都不用進去。」

邦迪：「你和穆迪的董事會或管理階層如何溝通？」

巴菲特：「自從我擁有鄧白氏的股票開始，我從未到過鄧白氏或穆迪的辦公室，也未曾主動打電話給他們。它們的執行長和投資人關係部門曾經在 Road Show（註2）時順道拜訪我，他們認為這是在經營公司與投資人之間的關係，但我認為這一點都不重要，也從未主動要求會面。」

邦迪：「董事會成員呢？你有對董事選舉施壓過嗎 ？」

註1：意指好主管也無法拯救爛生意。
註2：路演，指證券發行商發行證券前針對機構投資者的推廣活動。

巴菲特:「沒有,毫無興趣。」

邦迪:「你是否曾透過任何備忘錄提供該公司經營上的方向指導或建議?」

巴菲特:「沒有。如果一家公司需要我的指導才能運作,那一開始就不該買它的股票。」

「護城河」是一種很主觀的想像,所以也受限於每個人的知識範疇。但從邦迪與巴菲特的對談中,可以看出巴菲特提供了護城河這樣模糊的概念一個清楚輪廓——「定價能力」。這也是為什麼巴菲特不太喜歡零售業的原因,因為價格競爭太激烈了,兩家相距 100 公尺的量販店,衛生紙 1 包只要差 1 元,客人就會跑光,也就是缺乏了定價能力。

至於純粹靠價格競爭取勝的大型量販店好市多,它也擁有護城河嗎?若是將好市多和同為美國大型量販店的沃爾瑪(Walmart,美股代號 WMT)進行比較,2017 年好市多的 ROE 為 23%,沃爾瑪的 ROE 為 17%,由此可以看出,好市多的管理效能高出沃爾瑪許多。

然而,好市多長期的毛利率約 11%,沃爾瑪的毛利率卻高達 24%,由於每家公司進貨成本不會有太大的差異,所以毛利率 11%,代表好市多的售價較

低，這也表示除了產品區隔的策略之外，好市多採取「少樣商品大包裝」的倉庫型販售模式，產生了比較高的庫存周轉率，藉由減少員工數量以降低營運成本，因此有能力把商品售價定得很低。正因如此，當好市多調高會員費時，即使再不情願，會員仍然會乖乖繳費，所以會員費才是好市多真正展現定價能力之處。

相同的情況在 2018 年也發生了。亞馬遜（Amazon，美股代號 AMZN）在 Prime 會員人數突破 1 億人之際，將會員費從 99 美元一口氣提高到 119 美元。為什麼亞馬遜敢這樣做？因為亞馬遜深信，Prime 所提供的數位與運送服務的價值，遠遠超過了會員費，而消費者的感受也是如此；而更好的原因，是市場上根本找不到類似的替代品，所以會員只好乖乖接受亞馬遜的漲價。不過，就算提高會員費，相信會員人數還是會持續增加，這就是具備護城河的公司才能擁有的特權。

2018 年，臉書（Facebook，美股代號 FB）昭告天下，宣布要降低觸及率，這意味著原本花 100 元可以觸及 300 人的廣告，往後只能觸及 100 人。對一般用戶而言，這個新演算法只是減少收到廣告的頻率，其他毫無影響；但對廣告主而言，卻是變相漲價。如果是以經營粉絲團營生的人，想要維持跟以前一樣的收入，此時除了乖乖提高廣告支出以外，別無他法，因為不管你的粉絲專頁有多少粉絲，他們都是臉書的，不是你的。

表1　**缺乏護城河，2016年起化石集團淨利大幅下滑**
──2006～2017年化石集團財務數據

年度	營收（百萬美元）	淨利（百萬美元）	流通股數（股）	ROE（％）	EPS（美元）	最高價（美元）	最低價（美元）
2006	1,214.00	77.60	68.80	12.88	1.13	23.69	16.01
2007	1,433.00	123.30	70.30	16.65	1.75	45.75	22.08
2008	1,583.20	138.10	68.30	17.61	2.02	39.79	11.89
2009	1,548.10	139.20	67.20	14.90	2.07	34.03	11.26
2010	2,030.70	255.20	67.70	25.19	3.77	73.42	32.07
2011	2,567.30	294.70	64.00	27.52	4.61	134.29	67.86
2012	2,857.50	343.40	61.40	28.56	5.59	138.30	65.13
2013	3,260.00	378.20	57.70	36.09	6.56	134.02	91.42
2014	3,509.70	376.70	53.10	39.30	7.10	121.47	92.76
2015	3,228.80	220.60	48.90	24.65	4.51	110.33	31.85
2016	3,042.40	**78.90**	48.30	8.43	1.63	51.18	24.71
2017	2,788.20	**-478.20**	48.50	-81.52	-9.87	27.08	5.67

註：最高價、最低價為全年中之收盤價　　資料來源：Zacks

　　所以，想要判斷一家公司有沒有護城河，其實很簡單：如果調高產品售價，客人依舊不會減少，就代表公司有護城河；如果調高產品售價，客戶就會減少，那就是這家公司沒有護城河；萬一沒調高產品售價，客人還是會減少，那代表這家公司非常糟。

　　沒有定價能力的公司，也就是沒有護城河的公司，即使其中有幾年公司的

表2 2016年時，健安喜ROE驟降為-153.3%
——2008～2017年健安喜獲利能力數據

年度	淨利率 （%）	平均資產 周轉次數 （次）	資產 報酬率 （%）	平均財務 槓桿倍數 （倍）	ROE （%）	資本 報酬率 （%）
2008	2.28	0.72	1.65	4.83	7.97	5.78
2009	2.98	0.74	2.21	4.34	10.08	6.00
2010	6.14	0.77	4.72	3.91	19.41	8.48
2011	6.16	0.85	5.26	2.48	15.97	9.78
2012	9.88	0.98	9.64	2.89	25.82	14.00
2013	10.08	0.99	10.02	3.36	31.22	14.13
2014	9.79	0.96	9.45	3.54	32.56	13.38
2015	8.31	1.01	8.39	5.45	35.82	12.54
2016	-11.27	1.10	-12.39	－	-153.30	-14.23
2017	-6.07	1.37	-8.30	－	－	－

註：「－」代表無資料　資料來源：Morningstar

ROE 不錯，但是只要競爭一變激烈，公司就很容易被毀掉，以下兩家公司就是如此。

案例1》化石集團（Fossil，美股代號FOSL）

化石集團專門取得 Michael Kors（MK）或愛迪達（Adidas，公司名稱登記為阿迪達斯）等品牌授權，生產一些聯名手錶。這樣的公司有什麼定價能力？答案是沒有。

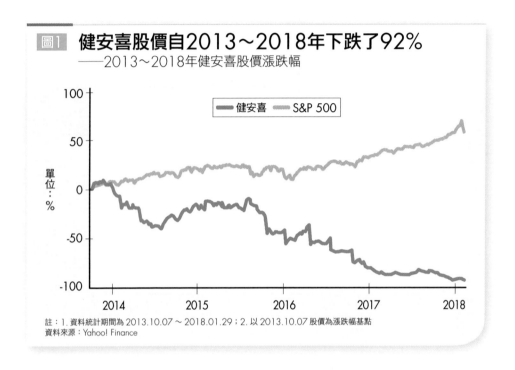

圖1　**健安喜股價自2013～2018年下跌了92%**
——2013～2018年健安喜股價漲跌幅

註：1. 資料統計期間為 2013.10.07 ～ 2018.01.29；2. 以 2013.10.07 股價為漲跌幅基點
資料來源：Yahoo! Finance

　　從表 1 可以看出，雖然化石集團在 2011 ～ 2014 年間平均 ROE 高達 30%
以上，最高股價 138.3 美元也出現在 2012 年，但因為公司缺乏護城河保護，
在智慧型手機普及後，手錶銷量大幅下滑，ROE 驟跌，2017 年股價更一度掉
到 5.67 美元，跌幅達 96%。

案例2》健安喜（GNC，美股代號GNC）

　　健安喜是全球最大保健食品通路，靠著快速展店與股票回購，其 ROE 從

2008 年的 7.97% 一路往上衝，2013 ～ 2015 年的 ROE 都高達 30% 以上，可說是非常漂亮的數字。但健安喜有足夠的定價能力嗎？似乎是沒有，2016 年時出現了與化石集團一樣的情況（詳見表 2、圖 1）。

　從上面兩個案例可以看出，沒有護城河的公司 ROE 是不可靠的。

2-3

觀察ROE
篩出具強勁成長動能的好公司

　　看完股神華倫‧巴菲特（Warren Buffett）的投資理念以後，我們再來看他特別重視的財務指標——股東權益報酬率（Return On Equity，簡稱 ROE）。2-2 中提到，巴菲特認為 ROE 是公司護城河必須守衛的「城堡」，為什麼他不看毛利率、淨利率等指標，卻特別看重 ROE 呢？下面我舉幾個例子，你就能夠了解了！

企業營運變數多，高毛利率≠股價漲幅大

　　有人說一家公司的發展是否良好，要看這家公司的毛利率，毛利率高表示有很強的「定價能力」，是好公司的重要條件。這句話乍聽之下很合理，可是一旦牽涉到選股實戰，就不是那麼理所當然。

案例1》波音（The Boeing Company，美股代號BA）

先來看 A 公司的財務數字，毛利率從 2009 年的 17.2% 上升至 2010 年的 19.4% 之後一路下滑，2016 年的毛利率只剩下 14.6%，似乎前途堪慮；但如果我告訴你，這家公司叫做波音，再讓你看它從 2009 ～ 2017 年的股價表現（註 1），肯定你對這家公司的評價會完全改觀（詳見表 1、圖 1）。

波音 2009 年 1 月 2 日的收盤價為 45.25 美元，到了 2017 年 12 月 29 日，收盤價來到 296.35 美元，股價漲了 552%；同期標準普爾 500 指數（S&P 500）從 931.8 美元漲到 2,673.61 美元，只漲了 187%。

雖然波音的毛利率逐年下滑，但其 ROE 始終維持在 31% ～ 558% 之間擺盪，ROE 之所以會有如此巨大的變化，是因為股票回購，造成淨值很低所影響的。美股中有許多好公司的淨值都是負值，後面我會再仔細說明這種美股中才看得到的特殊會計現象（詳見 5-1）。

案例2》Patrick Industries（美股代號PATK）

接著，看看 Patrick Industries 恐怖的獲利能力。Patrick Industries 很像是在舊美國電影中才看得到的老派公司，經營著最無聊的生意。有多無聊？如廚房的大理石平台、旅行車內裝潢的零件、家裡天花板的裝潢邊條、遊艇內的儀表木

註 1：由於美國的公司財務年度（Fiscal Year）和日曆年（Calendar Year）未必一致，故將股價觀察範圍多 1 年。

表1 **自2010年起，波音毛利率一路下滑**
——2009～2016年波音財務數據

年度	毛利率（％）	淨利率（％）	ROE（％）
2009	17.2	1.9	60.0
2010	19.4	5.1	116.0
2011	18.7	5.8	111.0
2012	16.0	4.8	65.0
2013	15.4	5.3	31.0
2014	15.4	6.0	62.0
2015	14.6	5.4	81.0
2016	14.6	5.2	558.0
平均	16.4	4.9	135.5

資料來源：波音 2009 ～ 2016 年年報

頭面板……。

Patrick Industries 的毛利率長年在 15% 左右，淨利率也不高，最高只有 2012 年的 6.4%，公司產品線又極度凌亂，完全不具備好公司的條件，主張用毛利率選股的人一定會把它刷掉。

但換個角度來看，Patrick Industries 走過 2008 年金融海嘯後，2011 ～ 2016 年的 ROE 平均在 30% 以上（詳見表 2），而且不靠股票回購減少市面

圖1 **自2009年以來，波音股價上漲逾5.5倍**
——2009～2017年波音vs. S&P 500股價漲跌幅

波音股價從 2009 年年初到 2017 年年底上漲了 552%，同期 S&P 500 只漲了 187%

（圖例：波音　S&P 500）

單位：%

註：1. 資料統計期間為 2009.01.02 ～ 2017.12.29；2. 以 2009.01.02 股價為漲跌幅基點
資料來源：Yahoo! Finance

上的流通股數，這是何等高的經營效率？

　　雖然 Patrick Industries 2009 年 ROE 為 -33%，但 2010 年即轉正，之後 ROE 都在 30% 左右，2012 年更來到 46%。自 2011 ～ 2016 年平均 30% 的 ROE 保持 6 年會有什麼結果？就是股價漲了 247 倍！Patrick Industries 2009 年 1 月 2 日的收盤價為 0.28 美元，2017 年 12 月 29 日的收盤價已來到 69.45 美元。注意，Patrick Industries 的股價是漲了 247「倍」，雖然同

表2 2011～2016年Patrick Industries ROE平均逾30%
——2009～2016年Patrick Industries財務數據

年度	毛利率（%）	淨利率（%）	ROE（%）
2009	10.8	-2.1	-33.0
2010	14.3	0.4	7.0
2011	14.4	2.8	29.0
2012	15.0	6.4	46.0
2013	15.3	4.0	29.0
2014	16.1	4.2	30.0
2015	13.6	4.6	33.0
2016	13.6	4.5	30.0
平均	14.1	3.1	21.4

資料來源：Patrick Industries 2009～2016年年報

期 S&P 500 也漲了 1.87 倍（187%），但與 Patrick Industries 相較之下，看起來像是一條地平線（詳見圖2）。

多年來，Patrick Industries 靠著自己力量，以及透過購併跟它們業務一樣無聊的公司逐漸壯大，營收從 2005 年的 1 億 6,000 萬美元，到 2017 年已經達 14 億美元。在 2009 年時，Patrick Industries 的市值最低為 230 萬美元，不到新台幣 7,000 萬元，相信很多人都有能力把整家公司買下來，但到了 2018 年，Patrick Industries 的市值飆升至新台幣 504 億元。

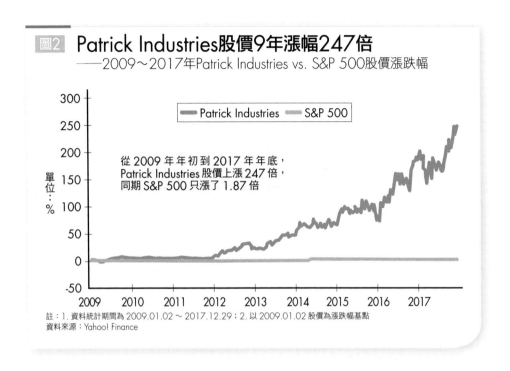

圖2 Patrick Industries股價9年漲幅247倍
——2009～2017年Patrick Industries vs. S&P 500股價漲跌幅

從2009年年初到2017年年底，Patrick Industries股價上漲247倍，同期S&P 500只漲了1.87倍

單位：%

註：1. 資料統計期間為2009.01.02～2017.12.29；2. 以2009.01.02股價為漲跌幅基點
資料來源：Yahoo! Finance

案例3》輝瑞大藥廠（Pfizer Pharmaceutical，美股代號PFE）

如果你還沒放棄對毛利率的喜好，我們來看看輝瑞大藥廠的相關資料。輝瑞大藥廠2009～2016年的平均毛利率為80.1%，夠高了吧？淨利率平均也有20.3%，可是同期該公司的ROE平均只有11.3%（詳見表3）。

儘管輝瑞大藥廠擁有高毛利率、高淨利率，但是因為數值不怎麼高的ROE，2009年1月2日的收盤價為18.27美元，到了2017年12月29日，收

表3　輝瑞大藥廠毛利率、淨利率佳，ROE卻僅11.3%

——2009～2016年輝瑞大藥廠財務數據

年度	毛利率（%）	淨利率（%）	ROE（%）
2009	82.8	17.5	9.0
2010	77.3	12.8	9.0
2011	79.5	16.4	10.0
2012	82.0	26.7	11.0
2013	81.4	42.7	15.0
2014	80.7	18.4	13.0
2015	80.3	14.2	11.0
2016	76.7	13.7	12.0
平均	80.1	20.3	11.3

資料來源：輝瑞大藥廠 2009～2016 年年報

盤價來到 36.22 美元，股價上漲了 98%，而同時期大盤則上漲了 187%（詳見圖 3）。

案例4》雅詩蘭黛（Estée Lauder，美股代號EL）

不過，千萬別誤會我認為高毛利率不好，毛利率高低只是一個現象，對我的投資決策並無太大的參考價值，其高低沒有什麼好壞之分。

來看看知名美妝品牌雅詩蘭黛（Estée Lauder，美股代號 EL），2009～

圖3 **受ROE拖累，輝瑞大藥廠股價漲幅遠遜S&P 500**
——2009～2017年輝瑞大藥廠vs. S&P 500股價漲跌幅

單位：%

輝瑞大藥廠股價從 2009 年
年初到 2017 年年底僅上漲
98%，同期 S&P 500 漲 了
187%

—— 輝瑞大藥廠 —— S&P 500

註：1.資料統計期間為 2009.01.02 ～ 2017.12.29；2. 以 2009.01.02 股價為漲跌幅基點
資料來源：Yahoo! Finance

2016 年平均毛利率為 78.7%，淨利率為 8.4%。從它的財務數據中，你可以發現，一支口紅（為簡化說明，假設售價為 100 美元），毛利近 80 美元，其中有 65 美元是付給廣告公司、百貨公司租金、櫃姐薪水、佣金等，到最後，淨利率只剩 8.4%（詳見表 4）。

雅詩蘭黛 2009 年 1 月 2 日的收盤價為 16.33 美元，到了 2017 年 12 月 29 日，收盤價來到 127.24 美元，股價漲了 679%，同期 S&P 500 漲了

表4 雅詩蘭黛2009～2016年ROE平均達27.5%
—2009～2016年雅詩蘭黛財務數據

年度	毛利率（%）	淨利率（%）	ROE（%）
2009	74.3	3.0	14.0
2010	76.5	6.1	25.0
2011	78.0	8.0	27.0
2012	79.5	8.8	31.0
2013	80.1	10.0	31.0
2014	80.3	11.0	31.0
2015	80.5	10.1	30.0
2016	80.6	9.9	31.0
平均	78.7	8.4	27.5

資料來源：雅詩蘭黛 2009～2016 年年報

187%（詳見圖4）。如果你仔細觀察，會發現支撐雅詩蘭黛股價有如此驚人的漲幅，不是因為高毛利率，而是平均 27.5% 的 ROE。

公司成長力道趨緩，高成長的淨值將拖垮 ROE

從前文4個案例可以看出，即使公司毛利率與淨利率都很高，但若是 ROE 很弱，股價也表現不好；相反地，即使公司沒有高毛利率或淨利率，只要維持高 ROE，就能把公司股價推上去。

圖4 **2017年底，雅詩蘭黛股價較2009年上漲679%**
——2009～2017年雅詩蘭黛vs. S&P 500股價漲跌幅

從 2009 年年初到 2017 年年底，雅詩蘭黛的股價漲了 679，同期 S&P 500 漲了 187%

雅詩蘭黛　S&P 500

單位：%

註：1. 資料統計期間為 2009.01.02 ～ 2017.12.29；2. 以 2009.01.02 股價為漲跌幅基點
資料來源：Yahoo! Finance

　　ROE 既然如此重要，我們又要如何分析它？分析 ROE 的方法，最著名的就是「杜邦分析」（DuPont Analysis，又稱「杜邦方程式」）。如果你沒聽說過，那很好；如果有，希望你能忘掉。

　　為什麼我會這樣說呢？先簡單說明一下，杜邦分析將 ROE 拆解成 3 個部分：「ROE ＝淨利率 × 資產周轉率 × 財務槓桿」，其中「淨利率」是用「淨利／營收」、「資產周轉率」是用「營收／資產」、「財務槓桿」是用「資產／淨值」。

之前我已經提過，淨利率對選股而言是沒有用的指標，把 ROE 分拆成 3 個部分分析，就如同你去研究一個富豪，把他所有的財產分成現金、證券和房產 3 個部分，如果發現其中一項很低，那其他兩項就一定比較高，這不是廢話嗎？知道這個富豪的財產究竟現金、證券或房產哪一項比較高要幹嘛？因此，要分析 ROE，直接去了解它的分子（淨利）和分母（淨值）就好了。

表 5 中，我們假設了 A 公司、B 公司、C 公司的財務數據。

A 公司第 0 年淨值為 100 元、第 1 年賺 15 元，在正常情況下，公司每年的淨利會變成保留盈餘，因此淨值變成 115 元。若要保持 15% 的 ROE，公司在第 2 年的淨利就要提升至 17 元……，依此類推，公司第 10 年的淨利會變成 53 元，淨值則會變成 405 元。

A 公司是我的理想型，但巴菲特講了一則故事（註 2）打擊我的幻想：「一對年逾 8 旬的老夫婦，在結婚週年晚上共享了一頓浪漫的燭光晚餐，席間老婆的地火被老公的天雷勾動，老婆向老公暗示到樓上做那件他們已經很久都沒做過的事。之後老公望了樓梯一眼，轉身用痛苦的表情向老婆說：『上樓可以，做愛也行，但我就是沒辦法兩個一起做。』」

ROE 和淨值之間的關係也是一樣，增加淨值可以、保持高 ROE 也行，但就

表5 **一家公司的淨值和ROE難以同時高度成長**
——A公司vs. B公司vs. C公司之淨利、淨值與ROE

時間	A公司			B公司			C公司			
	淨利（元）	淨值（元）	ROE（％）	淨利（元）	淨值（元）	ROE（％）	淨利（元）	淨值（元）	配息（元）	ROE（％）
第0年	0	100	0	0	100	0	0	100	0	0
第1年	15	115	15	15	115	15	15	115	0	15
第2年	17	132	15	17	132	15	17	132	0	15
第3年	20	152	15	20	152	15	20	152	0	15
第4年	23	175	15	23	175	15	23	175	0	15
第5年	26	201	15	26	201	15	26	187	14	15
第6年	30	231	15	28	229	14	28	200	15	15
第7年	35	266	15	30	259	13	30	213	17	15
第8年	40	306	15	32	291	12	32	227	18	15
第9年	46	352	15	34	325	12	34	240	21	15
第10年	53	405	15	36	361	11	36	253	23	15

是沒辦法兩個同時做。淨值如果一直高成長，就會拖垮 ROE，因為公司的高成長不可能永無止境。

以 B 公司為例，當公司到第 5 年後成長力道趨緩，如果公司還是將所有的獲

註2：故事出處為 2005 年波克夏海瑟威「致股東信」。

利變成保留盈餘以增加淨值,很快地,公司的 ROE 就會開始下滑。

我們可以看到,B 公司第 6 年的 ROE 從 15% 衰退至 14%,看似微不足道,然而第 5 年 201 元的淨值,就能產生第 6 年 28 元的淨利,第 6 年淨值新增 28 元(= 229 元 - 201 元),第 7 年淨利卻只增加 2 元(= 30 元 - 28 元),報酬率約 7%(= 2 元/ 28 元),同一時期 A 公司的報酬率有 16.7%,B 公司幾乎只有 A 公司的一半。此時 B 公司就應該考慮配息,將獲利分配給股東,讓股東自己去尋找比較高報酬的投資機會。

就如同 C 公司,當公司已經不再快速成長,除了維持公司既有成長的投資之外,其餘獲利就應分配給股東。例如 C 公司第 6 年有 28 元的淨利,將其中的 13 元歸到淨值,剩下 15 元用來配發股利,之後每年都依此比率進行,如此一來,雖然公司淨利趨緩,但淨值增長的速度也會同樣減緩,使得公司的 ROE 仍可穩定維持在 15%,為股東繼續創造價值,而非像 B 公司一樣破壞價值。

跟隨市場環境調整策略,才能創造最大收益

巴菲特曾在 1984 年波克夏海瑟威「致股東信」中提到:「公司每多 1 元保留盈餘,公司市值最少要成長 1 元才合理。」有很多人依據這段話去演繹,用很多計算辯證這句話的意義,當然也包括我。

說實話，這段話有點難懂，因為「市值」就是「股價」，股價每一秒鐘都在波動，「成長 1 元」的比較基礎是什麼？所以我去看了這段話的前後文，才發現這段話應該是解釋「保留盈餘」與「ROE」之間的關係。

巴菲特在信中舉了一個例子：假設你有 1 檔結構特殊的債券（成本 100 美元），每年配發 10% 債息（10 美元），每年你可以選擇領回現金債息（coupon）或將債息直接以原本的成本價購買更多債券。如果市場上的無風險利率為 5%，投資人選擇領回 10 美元就是笨蛋，因為在市場上你能得到的報酬率是 5%，因此應該要選擇將債息直接再投資於原本的債券，因為這樣子就會有 10% 的報酬率，比市場高出 1 倍。

相反地，如果市場上無風險利率為 15%，此時不管需不需要現金，投資人都應領取現金債息，因為市場上到處是報酬率 15% 的商品，沒有任何理性的投資人會選擇只有 10% 報酬率的再投資方案。

由上述的例子可知，如果公司的 ROE 高於市場的報酬率，公司就應該保留盈餘，繼續為股東創造價值；如果公司的 ROE 低於市場的報酬率，公司就應該發放現金股利，而非保留盈餘。

巴菲特貌似和善的老人，但如果你是一家公司的執行長，最好不要在他的旗

下公司工作。

　　連巴菲特的投資夥伴查理‧蒙格（Charlie Munger）都説，巴菲特的拿手絕活是「榨乾公司現金，然後逼著它們漲價，這招屢試不爽。」這説明了巴菲特更喜歡「不需要新增資本，公司就能增加盈餘」的方式。

第3篇

去蕪存菁
瞄準成長標的

解析波克夏海瑟威「致股東信」
掌握股神投資軌跡

　　第 2 篇中，我已經介紹了股神華倫‧巴菲特（Warren Buffett）的投資理念與他重視的財務指標「股東權益報酬率」（Return On Equity，簡稱 ROE，詳見 2-3），接著，就要來了解巴菲特是如何操作美股的。

　　由於巴菲特一生從未出過書，甚至連他唯一認可授權的自傳《雪球：巴菲特傳》（The Snowball：Warren Buffett and the Business of Life）都非他親撰，但每年的「波克夏海瑟威『致股東信』」全是他自己寫的。因此，要了解巴菲特的投資方法，就要從這裡面去找。

巴菲特雖提出購併 6 準則，一般投資人卻難以運用

　　巴菲特提過很多「選股」和「評價」的方法，最有名的，就是由投資 4 準則（詳見 2-1）衍生出的波克夏海瑟威購併 6 準則：

1. 大型收購（稅前盈餘至少 7,500 萬美元）。

2. 已證實的持續營利能力（我們對猜測未來或期待轉機都不感興趣）。

3. 好的 ROE，且債務很少或沒有債務。

4. 已有管理階層（我們無法提供人手）。

5. 簡單的商業模式（如果該筆生意運用大量的科技，我們無法理解）。

6. 一個明確的報價（在價格未知的狀況下，為了避免浪費雙方的時間，我們不會進行交談、初步討論，或是交易）。

巴菲特從 1982 年開始採用這套準則，此後如同「尋人啟事」般，這套購併準則會出現在波克夏海瑟威每年的年報中，希望有這樣公司的人能打電話給他。多年來，唯一有變化的是第 1 點的稅前盈餘，數字從 1982 年的 500 萬美元變成 2014 年的 7,500 萬美元。巴菲特曾經強調，在公開市場買進股票，和購併所使用的標準並無不同，所以這是他最常使用的衡量公司的準則。

據說，從來沒有人因為看了這個「宣傳單」而打電話給他，但他還是很樂觀地說，波克夏海瑟威已經擁有《財星》（Fortune）雜誌全球 500 大企業中的 10.25 家公司，他還在等剩下的 489.75 家公司打電話給他。

如果各位家裡有符合這樣子條件的公司，可以告訴我，我幫你跟巴菲特聯絡，一旦成交，巴菲特給的介紹費通常是 1 股波克夏 A 股（美股代號 BRK.A），目

前（2019 年 3 月）市價約 30 萬美元（約合新台幣 900 萬元）。

就事論事，對一般投資人來說，波克夏海瑟威購併 6 準則並不好用：第 1 點（稅前盈餘）是因應波克夏海瑟威的成長需求，隨著公司的規模增加而有所改變，而第 2 點（營利能力）、第 3 點（ROE）和第 5 點（商業模式）勉強可以讓投資人參考，但仍缺乏比較明確的數字標準；至於第 4 點（管理階層）和第 6 點（報價）則沒有什麼參考價值，因為我們買的公司通常有自己的管理階層，報價也不是問題，每分鐘都可以得到幾十個不同報價——若這購併 6 準則不是巴菲特提出的，相信沒有人會想去深入研究。

巴菲特提過很多投資標準，除了「購併 6 準則」，還有「經濟護城河」（Economic Moat，詳見 2-2）。雖然很多人用這個精神衍生出很多指標，但巴菲特其實從未提到任何數字來衡量護城河；令人困擾的還有「內在價值」（Intrinsic Value），他也沒教大家如何計算。

在波克夏海瑟威的「股東手冊」（Owner's Manual）中，巴菲特提到：「內在價值是一個非常重要的概念，它是評估投資和企業（股票價格）是否相對具吸引力唯一合邏輯的方法。內在價值可以被簡單定義如下：『這是一個將公司往後經營期間，所能產生的現金流折現回來的價值。』然而，計算內在價值並不簡單。如同我們的定義所表達的，內在價值是一個預估值，而非精確的數字，

這個預估值會因為利率或未來現金流預測修正而改變。根據同樣一組數字，兩個人（包括我和蒙格（Charlie Munger））也將無可避免地算出或多或少差異的內在價值。」

雖然由此可知，巴菲特是以「現金流量折現法」（Discounted Cash Flow，簡稱 DCF，詳見 5-3）來計算公司的內在價值，但實際上要怎麼計算，我們並沒有得到太明確的指示。

巴菲特提過的諸多方法中，比較明確的算是「業主收益」（Owner Earnings），1986 年他提供了一個計算方法，但這也是一團難以閱讀的文字，我將之轉化為一個比較容易的公式（註 1）：

（A）淨利
＋ （B）折舊、攤銷
± （B）其他非現金費用
－ （C）平均每年維護費用資本支出
± （D）營運資金變數
擁有者利潤

註 1：巴菲特原文使用兩個「B」，據我推測，可能因為兩者都是非現金支出，只是科目不同。

變得容易理解了吧？好吧，或許沒有。

雖然説巴菲特對於業主收益的計算，的確會比淨利更貼近公司真正的獲利能力，但是這並沒有被當成會計準則，也就是説，沒有任何一家公司在財報中會提供「業主收益」這個項目，對此有興趣的投資人，只能從不同的報表中找到相關數字並自行調整，頗為麻煩；更加困難的是，公司不會提供每年維護其競爭力所必需的資本支出，雖然巴菲特用了「平均」概念，但所需的主觀判斷還是很多。

股神 30 年未曾改變的投資祕訣——巴菲特準星

我過於駑鈍，無法參悟巴菲特一些具禪意的投資公案，也過於疏懶而不願每次都去計算「業主收益」，就算做了，我也不敢保證 2 次算出來的數字會一樣，所以我比較傾向具象且易取得的參數。

很幸運地，這樣的東西真的存在。我從巴菲特過去 30 年、9 家公司，共 11 次的投資中（有些公司投資不止 1 次）發現了一些軌跡，我把它稱為「巴菲特準星」（詳見表 1）。

據我觀察，巴菲特準星可以分為 2 個部分：

| 表1 | 近10年平均ROE高於20%才符合巴菲特準星 |

— 巴菲特準星選股標準、評價標準

巴菲特準星	説明
選股標準	近10年ROE平均＞20%，且沒有任何1年＜15%
評價標準	税前盈餘報酬率至少10%（轉換成税後盈餘報酬率為6.5%～7%）

註：1.由於美國的公司税率大約為 30% ～ 35%，因此税前和税後盈餘報酬率約莫相差 3% ～ 3.5%；2.「評價標準」以半年為限，若買股消息發生在當年 7 月之前，就以前一年的税前盈餘為基準，若買股消息發生在當年 7 月之後，就以當年的税前盈餘為基準

選股標準》ROE

巴菲特在 1987 年波克夏海瑟威「致股東信」中提到：「《財星》雜誌的研究，支持了我們的看法，在 1,000 家公司（500 大製造業和 500 大服務業）之中，只有 25 家（2.5%）通過 2 項經濟傑出測試，過去 10 年（1977 ～ 1986 年）的 ROE 平均超過 20%，且沒有任何 1 年 ROE 低於 15%。這些公司不僅是企業巨星（註 2），也是市場巨星（註 3），這 25 家中，有 24 家在同時期的表現超過了標準普爾 500 指數（S&P 500）。」

這段話明確地提供了巴菲特在衡量企業時所使用的標準，這項標準不僅具象、量化，且 ROE 更是一個客觀、不須調整又容易取得的數字。

註 2：指在其產業具有領導地位的公司。
註 3：指股價表現優異的公司。

　　從 1977 年的投資 4 準則到 1982 年的購併 6 準則，巴菲特增加了 1 項很重要的條件，那就是好的 ROE（但並未提到絕對數字）；然而，從 1987 年波克夏海瑟威「致股東信」的一段話，可以明確地看出巴菲特心目中的好公司應該如何表現：「每年 ROE 在 15% 以上就是優良，連續 10 年 ROE 平均超過 20% 就是超級巨星。」

　　此外，在波克夏海瑟威 2007 年年報中，當他重新檢視 30 年前所寫的投資 4 準則時，他又再度強調：「一家真正偉大的企業，必須有個歷久不衰的『護城河』（moat），保護其卓越的資本報酬率。」

　　什麼東西重要到必須有「護城河」來保護？巴菲特的答案是：ROE。

評價標準》稅前盈餘報酬率

　　2002 年波克夏海瑟威「致股東信」中提到：「我們（指巴菲特和蒙格）樂意持有普通股，如果能夠用吸引人的價格買進的話。在我個人 61 年的投資生涯中，差不多有超過 50 年曾經出現這樣的機會，我想以後也會有類似的投資機會出現。然而，除非一家公司可以提供 10% 的稅前盈餘報酬率（或是 6.5%～7% 的稅後盈餘報酬率），否則我們寧願坐著當個局外人。雖然當個局外人並不好玩，必須忍受短期因閒置資金而低於 1% 的稅後報酬率，但有時候，成功的投資需要什麼都不做。」

圖1 美國企業稅率約30%～35%
—本益比計算方式

A公司的每股稅前盈餘為10美元、股價100美元，則：

◎稅前盈餘報酬率＝稅前盈餘／股價×100%
　＝10美元／100美元×100%＝10%

◎稅前盈餘估值倍數＝股價／稅前盈餘
　＝100美元／10美元＝10倍

企業稅率為30%
◎應付稅金＝稅前盈餘×企業稅率
　＝10美元×30%＝3美元

◎每股稅後盈餘（EPS）＝稅前盈餘－應付稅金
　＝10美元－3美元＝7美元

◎本益比＝股價／EPS
　＝100美元／7美元＝14.3倍

企業稅率為35%
◎應付稅金＝稅前盈餘×企業稅率
　＝10美元×35%＝3.5美元

◎每股稅後盈餘（EPS）＝稅前盈餘－應付稅金
　＝10美元－3.5美元＝6.5美元

◎本益比＝股價／EPS
　＝100美元／6.5美元＝15.4倍

　　10%的稅前盈餘報酬率，轉換成估值倍數就是「10x」（10倍）的稅前盈餘；若採用稅後盈餘報酬率，由於美國的企業稅率約 30%～ 35%，因此轉換成本益比（Price Earnings Ratio，簡稱 PE 或 PE Ratio）就是 14.3x ～ 15.4x（14.3

倍～ 15.4 倍），端看其稅率高低（詳見圖 1）。

　　這段話也提供了巴菲特如何對企業進行估值的線索。

　　從歷年波克夏海瑟威「致股東信」中得出的分析，可以看出「高 ROE」和「高稅前盈餘報酬率」這兩個標準形成了「巴菲特準星」，加上波克夏海瑟威源源不絕的銀彈，使得巴菲特成為了企業叢林中最恐怖的獵人。

3-2

投資符合巴菲特準星公司
長期持有、逢低再加碼

　　「巴菲特準星」是我的研究結果，但華倫・巴菲特（Warren Buffett）真的是靠這個標準在買賣股票嗎？他從來沒說過：「各位股東，我們買進了某檔股票，因為符合了：1. 近 10 年股東權益報酬率（Return On Equity，簡稱 ROE）平均大於 20%，且沒有任何 1 年低於 15%；2. 稅前盈餘報酬率至少 10%。」所以，我必須自己找出證據。

　　以巴菲特自 1988 年開始，近 30 年來，透過波克夏海瑟威（Berkshire Hathaway）持有 9 家公司股票、共 11 次的投資（有些公司投資不止 1 次）為例，這 11 次投資可區分為「符合巴菲特準星」與「不符合巴菲特準星」，因案例眾多，我將拆分成 2 章介紹，本章介紹符合巴菲特準星的投資，不符合巴菲特準星的投資則留待 3-3 介紹。

　　以下公司依巴菲特買進時間排列：

案例 1》可口可樂（Coca-Cola，美股代號 KO）

波克夏海瑟威帳面上第 1 次出現 10 億美元以上的投資，是 1989 年的可口可樂，巴菲特花了 2 年（1988 ～ 1989 年）的時間建立可口可樂的部位。

這個龐大的金額在經濟上具重大意義，因為 1988 年波克夏海瑟威的淨值只有 34 億 1,000 萬美元，而巴菲特花了 10 億 2,400 萬美元買進可口可樂股票，等於是拿出波克夏海瑟威 30% 淨值；若以 2016 年波克夏海瑟威淨資產約 2,380 億美元計算，相當於 714 億美元（＝ 2,380 億美元 ×30%）的大手筆。可口可樂的買進規模，在巴菲特的投資生涯中不僅空前，往後 30 年也不曾見過（截至 2018 年年底）。

有人把巴菲特的功夫形容為優雅的太極拳，但我的研究卻告訴我，巴菲特的功夫其實是暴力的綜合格鬥（MMA），一旦看到對手露出大破綻，立即施以一記重拳——以 30% 的公司淨值壓 1 檔股票，連很多凶殘嗜血的基金經理人都做不到，所以要學巴菲特，就要學這種實戰等級的招數。因為現實的股市就像是殘酷街頭，當你被一群混混圍住的時候，你希望在身邊的是一個 80 歲的太極拳宗師？還是館長（註 1）？我想這答案非常清楚了。

1. 選股標準「ROE」：巴菲特是在 1988 年開始買入可口可樂，而當時可

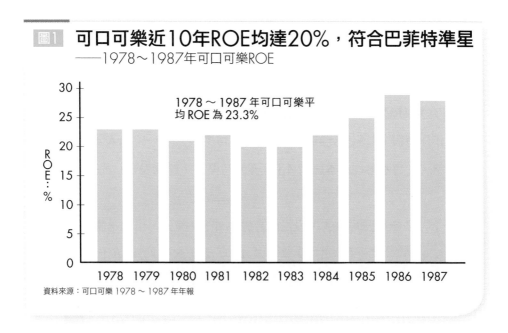

圖1 可口可樂近10年ROE均達20%，符合巴菲特準星
——1978～1987年可口可樂ROE

1978～1987年可口可樂平
均ROE為23.3%

資料來源：可口可樂 1978～1987 年年報

口可樂過去 10 年（1978 ～ 1987 年）的 ROE 平均為 23.3%，完全符合「巴菲特準星」的選股標準（詳見圖 1）。

　　2. 評價標準「稅前盈餘報酬率」：依照可口可樂 1987 年年報的資料，可口可樂的稅前盈餘為 15 億 8,200 萬美元，在外流通股數為 3 億 6,000 萬股，由此可算出，可口可樂的每股稅前盈餘為 4.39 美元（＝ 15 億 8,200 萬美元

註 1：本名陳之漢，為台灣連鎖健身房創辦人兼執行長，曾獲多項搏擊散打冠軍。

／3億6,000萬股），巴菲特準星價以每股稅前盈餘報酬率10%計算，合理股價為43.9美元（＝4.39美元／10%）。

從波克夏海瑟威1988、1989年年報中可以看出，巴菲特在1988～1989年以每股41.8美元的價格買進可口可樂股票，一路購入到每股47美元的價格，在每股平均成本達到43.9美元時停手（詳見表1）。

由於1987年可口可樂的每股稅前盈餘為4.39美元，也就是說，巴菲特以稅前盈餘報酬率10%（＝4.39美元／43.9美元×100%）的代價買進，完美符合「巴菲特準星」的評價標準。

雖然當時（1989年）的華爾街（Wall Street）認為巴菲特徹底瘋了，但是巴菲特對於完全符合自己嚴苛標準的優質企業，就會盡全力拼搏，可見他對自己的投資深具信心；而可口可樂果然也沒令他失望，成為了他投資史上的經典之作。

截至2017年年底，波克夏海瑟威持有可口可樂4億股，成本12億9,900萬美元，市價達183億5,200萬美元，報酬率約1,313%（＝（183億5,200萬美元／12億9,900萬美元－1）×100%），顯示巴菲特自1989年買進可口可樂之後，28年後，這筆投資賺了13倍。

表1 **巴菲特花10億美元買進可口可樂，成為一大話題**
——1988～1989年波克夏海瑟威買進可口可樂成本

年度	買進成本（美元）	股數（股）	每股成本（美元）
1988	5億9,254萬	1,417萬2,500	41.8
1989	4億3,138萬	917萬7,500	47.0
合計	10億2,392萬	2,335萬	43.9

資料來源：波克夏海瑟威 1988～1989 年年報

案例 2》美國運通（American Express，美股代號 AXP）

繼 1989 年耗資 10 億美元購買可口可樂後，時隔 6 年，1995 年波克夏海瑟威的帳面上又多了另一個超過 10 億美元的大傢伙：美國運通。

美國運通是一家信用卡公司，其持卡人以富裕階層為主，除了實際的支付功能之外，持有美國運通卡也是一種身分地位的表徵。

目前所能找到最早、最完整的美國運通年報資料是 1994 年，所以關於「巴菲特準星」選股標準的部分，我用 1994 ～ 2003 年的資料來代替。

1. 選股標準「ROE」：把美國運通 1994 ～ 2003 年的 ROE 全找出來，毫無意外地，這家公司在這 10 年間的 ROE 平均為 22%，除了科技泡沫破滅

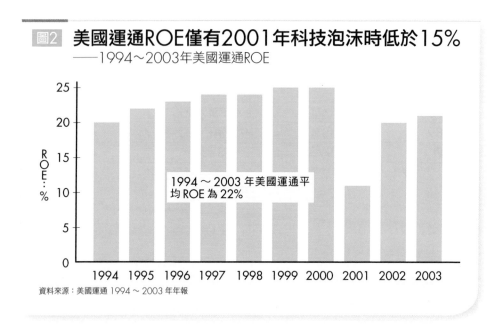

圖2 **美國運通ROE僅有2001年科技泡沫時低於15%**
——1994～2003年美國運通ROE

1994 ～ 2003 年美國運通平均 ROE 為 22%

資料來源:美國運通 1994 ～ 2003 年年報

後的 2001 年 ROE 低於 15% 之外,其餘年度的 ROE 都在 15% 以上,僅以小小瑕疵符合「巴菲特準星」選股標準(詳見圖 2)。

2. 評價標準「稅前盈餘報酬率」:依照美國運通 1994 年年報的資料,美國運通的稅前盈餘為 18 億 8,100 萬美元,在外流通股數為 5 億 1,200 萬股,由此可算出,美國運通的每股稅前盈餘為 3.67 美元(= 18 億 8,100 萬美元／ 5 億 1,200 萬股),巴菲特準星價以每股稅前盈餘報酬率 10% 計算,合理股價為 36.7 美元(= 3.67 美元／ 10%)。

表2 巴菲特持有美國運通每股平均成本約28美元
——1994～1995年波克夏海瑟威買進美國運通成本

年度	買進成本（美元）	股數（股）	每股成本（美元）
1994	7億2,391萬9,000	2,775萬9,941	26.08
1995	6億6,878萬1,000	2,169萬6,959	30.82
合計	13億9,270萬	4,945萬6,900	28.16

資料來源：波克夏海瑟威 1994～1995 年年報

　　從波克夏海瑟威 1994、1995 年年報中可以看出，巴菲特在 1994 ～ 1995 年以每股 26.08 美元的價格買進美國運通，一路購入到每股 30.82 美元的價格，在每股平均成本達到 28.16 美元時停手（詳見表 2）。

　　由於 1993 年美國運通的每股稅前盈餘為 3.67 美元，也就是說，巴菲特買進美國運通時，稅前盈餘報酬率是 13%（＝ 3.67 美元／ 28.16 美元 ×100%），不僅符合了「巴菲特準星」評價標準，更得到了約 23.3%（＝（36.7 美元－ 28.16 美元）／ 36.7 美元 ×100%）的折價。

　　截至 2017 年年底，波克夏海瑟威持有美國運通 1 億 5,161 萬 700 股，成本 12 億 8,700 萬美元，市價達 150 億 5,600 萬美元，報酬率約 1,070%（＝（150 億 5,600 萬美元／ 12 億 8,700 萬美元－ 1）×100%），顯示

巴菲特自 1995 年買進美國運通之後，這筆投資 22 年後總共賺了超過 10 倍。

案例 3》IBM（美股代號 IBM）

巴菲特第 1 檔大量買進的科技股，是在 2011 年一口氣買進了價值約 108 億美元的 IBM 股票。數十年來，巴菲特一直避免買入科技相關類股，因為他認為這不是在他能力圈內的股票。

那麼，為何會買進 IBM？巴菲特在 2011 年波克夏海瑟威「致股東信」中提到，IBM 在營運上表現優異，在財務管理表現上也同等聰明，尤其在最近幾年（指 2011 年之前），大幅增加股東的獲利，善於利用債務，進行增加公司價值的購併與積極的回購庫藏股。由於巴菲特在「致股東信」中，十分著重於 IBM 在財務上運用的表現，我相信這是他看中 IBM 的主因。

1. 選股標準「ROE」：IBM 過去 10 年（2001 ～ 2010 年）的 ROE 平均為 38%，唯有 2002 年的 ROE 低於 15%，但那是因為 IBM 在 2002 年結束掉某一事業，認列了 17 億 8,000 萬美元的損失，屬於一次性損益。若將此點忽略不計，IBM 也符合「巴菲特準星」選股標準（詳見圖 3）。

2. 評價標準「稅前盈餘報酬率」：依照 IBM 2011 年年報的資料，IBM 的

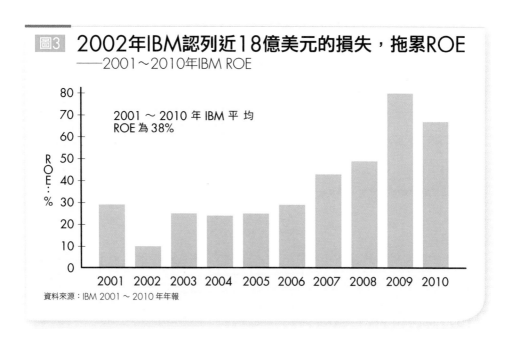

圖3 **2002年IBM認列近18億美元的損失，拖累ROE**
——2001～2010年IBM ROE

2001 ～ 2010 年 IBM 平均
ROE 為 38%

資料來源：IBM 2001 ～ 2010 年年報

稅前盈餘為 210 億美元，在外流通股數為 12 億 1,400 萬股，由此可算出，
IBM 的每股稅前盈餘為 17.3 美元（＝ 210 億美元／ 12 億 1,400 萬股），
巴菲特準星價以每股稅前盈餘報酬率 10% 計算，合理股價為 173 美元（＝
17.3 美元／ 10%）。

　　從波克夏海瑟威 2011、2012 年年報中可以看出，巴菲特在 2011 ～
2012 年以每股 169.9 美元的價格買進 IBM，一路購入到每股 195.7 美元
的價格，在每股平均成本達到 171.5 美元時停手（詳見表 3）。由於 2011

表3　巴菲特加碼IBM，每股平均成本為171.5美元
——2011～2012年波克夏海瑟威買進IBM成本

年度	買進成本（美元）	股數（股）	每股成本（美元）
2011	108億5,600萬	6,390萬5,931	169.9
2012	8億2,400萬	420萬9,553	195.7
合計	116億8,000萬	6,811萬5,484	171.5

資料來源：波克夏海瑟威 2011 ～ 2012 年年報

年 IBM 的每股稅前盈餘為 17.3 美元，巴菲特又再次精準地以稅前盈餘報酬率 10.1%（＝ 17.3 美元／ 171.5 美元 ×100%）買進 IBM 股票。

　　IBM 的買進，雖然符合「巴菲特準星」的 2 個標準，但並沒有帶來太好的結果。巴菲特買進 IBM 後，於 2014 年被套牢，之後又陸續每年進場攤平（詳見表 4），直到 2017 年第 3 季，巴菲特才決定賠錢清掉近 1/3 的持股，接著在 2018 年全部拋售。因為 IBM 的 ROE 是靠股票回購穩住的，然而公司淨利卻逐年下滑，從 2012 年的 166 億美元降到 2017 年的 58 億美元，顯示公司面臨著強大競爭，這可能也是巴菲特清盤 IBM 的原因。

　　在 3-1 我們提到，就算過去 ROE 表現優異的 25 家超級巨星企業中，還是有 1 家的表現不如 S&P 500，很可能巴菲特認為 IBM 的未來就是這一家；在

表4 **巴菲特買進IBM後，自2014年起被套牢**
——2012～2016年波克夏海瑟威持有IBM之成本、市值

年度	股數（股）	買進成本（美元）	當年底市值（美元）
2012	6,811萬5,484	116億8,000萬	130億4,800萬
2013	6,812萬1,984	116億8,100萬	127億7,800萬
2014	7,697萬1,817	131億5,700萬	123億4,900萬
2015	8,103萬3,450	137億9,100萬	111億5,200萬
2016	8,123萬2,303	138億1,500萬	134億8,400萬

資料來源：波克夏海瑟威 2012～2016 年年報

2012 ～ 2017 年這總共 6 年的時間內，IBM 股價跌了 16.28%，同時期的道瓊工業平均指數卻成長超過 100%，兩者相差了 116.28 個百分點。

案例 4》蘋果（Apple，美股代號 AAPL）

蘋果是繼 IBM 之後，巴菲特第 2 檔大量買進的科技股。2017 年，因為美股高漲，以波克夏海瑟威手上千億美元的現金部位而言，巴菲特幾乎算個局外人，唯一幹的大事就是增持了 1 億 547 萬股的蘋果股票，從 2016 年的 6,124 萬股提升至 2017 年的 1 億 6,671 萬股，2 年來花了 209 億 6,100 萬美元，超過投資 IBM 的 138 億美元（截至 2016 年），成為波克夏海瑟威歷史上在公開市場買股的最大手筆。

圖4　**當巴菲特買進蘋果時，ROE平均達30%**
——2006～2015年蘋果ROE

2006～2015年蘋果平均ROE為30%

資料來源：蘋果2006～2015年年報

1. **選股標準「ROE」**：波克夏海瑟威在2016年5月宣布買進蘋果，而當時蘋果過去10年（2006～2015年）的ROE平均為30%，遠高於20%；即使在2008～2009年金融海嘯時期，蘋果的ROE也沒有低於15%，完全符合「巴菲特準星」的選股標準（詳見圖4）。

2. **評價標準「稅前盈餘報酬率」**：依照蘋果2015年年報的資料，蘋果的稅前盈餘為725億1,500萬美元，在外流通股數為57億9,300萬股，由此可算出，蘋果的每股稅前盈餘為12.52美元（＝725億1,500萬美元／57

表5　巴菲特加碼蘋果，每股平均成本為125.7美元

——2016～2017年波克夏海瑟威買進蘋果成本

年度	買進成本（美元）	股數（股）	每股成本（美元）
2016	70億9,300萬	6,124萬	115.8
2017	138億6,800萬	1億547萬	131.5
合計	209億6,100萬	1億6,671萬	125.7

資料來源：波克夏海瑟威 2016 ～ 2017 年年報

億 9,300 萬股），巴菲特準星價以每股稅前盈餘報酬率 10% 計算，合理股價為 125.2 美元（＝ 12.52 美元／ 10%）。

從波克夏海瑟威 2016、2017 年年報中可以看出，巴菲特在 2016 ～ 2017 年以每股 115.8 美元的價格買進蘋果股票，一路購入到每股 131.5 美元的價格，在每股平均成本達到 125.7 美元時停手（詳見表 5）。

當我算出這些數字後，不禁讚嘆，巴菲特買進的平均成本，居然很神奇地與當初設定的 10% 稅前盈餘報酬率，也就是 125.2 美元，只相差 0.5 美元（＝ 125.7 美元－ 125.2 美元），精準地符合「巴菲特準星」的評價標準。

巴菲特對蘋果的買進，完全符合「巴菲特準星」2 項重要指標。截至 2017

表6 **數十年來，巴菲特的選股邏輯十分一致**
——以可口可樂、美國運通、IBM、蘋果為例

比較項目		可口可樂	美國運通	IBM	蘋果
買進期間		1988～1989年	1994～1995年	2011～2012年	2016～2017年
選股標準	過去10年ROE平均>20%	✓	✓	✓	✓
	過去10年ROE沒有任何1年<15%	✓	✗，2011年ROE僅11%	✗，2002年ROE僅10%	✓
評價標準	稅前盈餘報酬率>10%	✓	✓	✓	✓
買進稅前盈餘報酬率（％）		10	13	10	10
買進金額（美元）		10億	14億	117億	210億
買進金額占波克夏海瑟威買進該公司股票前一年的淨值（％）		30	12	7	7

註：1. 公司排列順序依巴菲特買進時間排列；2. 買進金額四捨五入至億美元　　資料來源：各公司年報

年年底，波克夏海瑟威持有蘋果1億6,671萬股，成本209億6,100萬美元，市價達282億1,300萬美元，報酬率約35%（＝（282億1,300萬美元／209億6,100萬美元－1）×100%）。

若以第1批公布買進的時間點（2016年5月）計算，到2017年年底的短短20個月之間，巴菲特買進蘋果的報酬率竟有80.5%（註2），遠勝同期SPDR標普500指數ETF（代號SPY）的29.3%（註3）。

不過，要注意的是，在蘋果股價上升後，因為巴菲特仍持續加碼，所以整體平均報酬率會降低。

可口可樂、美國運通、IBM、蘋果這 4 家公司，分別是巴菲特 2 家投資金額最早超過 10 億美元，以及 2 家投資金額分別超過 100 億美元、200 億美元的公司，在當時都是投入金額最高的標竿投資。我從中發現一個現象——巴菲特在 1988 年、1994 年、2011 年和 2016 年所用的準星居然一模一樣，這表示巴菲特的選股邏輯 30 年來從未變過（詳見表 6）。

註 2：以 2016 年 4 月 29 日收盤價 93.74 美元、2017 年 12 月 29 日收盤價 169.23 美元計算。
註 3：以 2016 年 4 月 29 日收盤價 206.33 美元、2017 年 12 月 29 日收盤價 266.86 美元計算。

3-3

投資不符合巴菲特準星公司
選股、擇價應展現彈性

　　在 3-2 中，雖 然 從 可 口 可 樂（Coca-Cola）、 美 國 運 通（American Express）、IBM、蘋果（Apple）這 4 個案例中看到了「巴菲特準星」的實踐，但卻並未減少我心中的疑問。

　　主要的原因是，從選股標準「近 10 年股東權益報酬率（Return On Equity，簡稱 ROE）平均 > 20%，且沒有任何 1 年 < 15%」出處的原文中（註 1）提到，當時（1987 年）市場上 1,000 家大公司之中，只有 25 家（2.5%）真正的超級巨星企業符合這樣嚴苛的標準，也就是說，有 97.5% 的公司都沒有如此表現。

　　而評價標準「稅前盈餘報酬率至少 10%」的原文出現在 2002 年「致股東信」，華倫·巴菲特（Warren Buffett）說，以他過去 61 年（1941 ～ 2002 年）的投資經驗，他心目中的好公司，有 50 多年曾出現「10% 以上的稅前盈餘報

酬率」這樣的投資機會。

很明顯的衝突：2.5% 的公司要在 61 年間提供 50 年合適的投資機會，恐怕有些困難；巴菲特也說，超級巨星企業們是市場的勝利組，應該不容易出現 10x（10 倍）稅前盈餘的市場價格供他買進，我合理懷疑這當中應該有不少的例外。

至於哪些公司是例外？這些公司例外的條件又是什麼？最後的結果如何？對於不同的產業，巴菲特是否有不同的看法？就讓我帶你一一找出真相。以下公司依巴菲特買進時間排列：

案例 1》富國銀行（Wells Fargo，美股代號 WFC）

從可口可樂、美國運通、IBM、蘋果等案例中，可以發現波克夏海瑟威的持股中，多數都是高 ROE 的公司。

然而，與以高利差（net interest margin）信用卡和信貸為主的美國運通不同，富國銀行是以房貸等低利差為主要業務的傳統銀行，加上監理機構對銀行的資

註 1：詳見 1987 年波克夏海瑟威「致股東信」。

本要求,對其股利發放和股票回購有嚴格限制,因此不可能有太高的 ROE,但波克夏海瑟威買進富國銀行的動作卻從未停過。

為何巴菲特特別偏愛富國銀行?甚至連他的搭檔查理‧蒙格(Charlie Munger)都曾經說過:「如果一家公司沒有比富國銀行更好,我們買富國銀行就好了,為什麼要買其他的?」以下我們就來試著探討原因。

由於巴菲特買進富國銀行的次數太多,所以我們只觀察他第 1 次大量買進(1990 年)與最近一次買進(2015 年)的狀況(截至 2018 年年底)——感謝富國銀行從 1967 年至今,每年都存在於波克夏海瑟威的年報內,讓我在找資料的過程中容易多了。

1990年,巴菲特首次大量買進富國銀行

1. 選股標準「ROE」:富國銀行第 1 次出現在波克夏海瑟威帳面上的時間是 1990 年,過去 10 年(1980 ~ 1989 年)的 ROE 平均為 14%,這對傳統銀行而言,已經是非常高的數字,因為一般傳統銀行只要 ROE 高於 10% 就算是表現不錯了(詳見圖 1)。

對銀行來說,ROE 是個兩難的數字,太低代表營運績效很差,太高又意味著高槓桿。

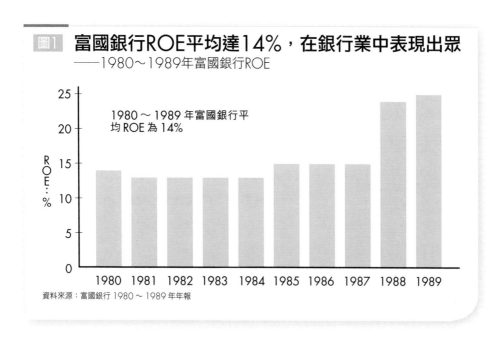

圖1 富國銀行ROE平均達14%，在銀行業中表現出眾
——1980～1989年富國銀行ROE

資料來源：富國銀行 1980 ～ 1989 年年報

有人主張，觀察銀行應該要看「資產報酬率」（Return On Assets，簡稱 ROA），但我覺得這樣是畫蛇添足，除非是槓桿很大的銀行，否則你有看過 ROA 不高但 ROE 很高的銀行，或是 ROA 不高但 ROE 很高的銀行嗎？不過，如今美國已不允許銀行擁有高槓桿，所以觀察 ROA 並沒有太大的意義。

2. **評價標準「稅前盈餘報酬率」**：依照富國銀行 1989 年年報的資料，富國銀行的稅前盈餘為 10 億美元，在外流通股數為 5,200 萬股，由此可算出，富國銀行的每股稅前盈餘為 19.2 美元（＝ 10 億美元／ 5,200 萬股），巴菲

特準星價以每股稅前盈餘報酬率 10% 計算，合理股價為 192 美元（＝ 19.2 美元／ 10%）。

巴菲特在 1990 年購入富國銀行的每股成本約為 57.89 美元（＝ 2 億 8,943 萬 1,000 美元／ 500 萬股），每股稅前盈餘報酬率約 33.2%（＝ 19.2 美元／ 57.89 美元 ×100%）。因為富國銀行有 70%（＝（192 美元－ 57.58 美元）／ 192 美元 ×100%）的誇張折價，巴菲特才把選股標準（ROE）放寬了。

這個購入富國銀行的價格，便宜到讓巴菲特驚呼，如果要買下一整家財務狀況跟富國銀行一樣、但是規模卻只有其 1/10 的銀行，恐怕他要付出多 1 倍的價格！

雖然「護城河」是巴菲特投資公司很重要的標準，但他也曾經說過，如果有人要用 1 美元跟你換 0.5 美元，你會問他「你的 1 美元有沒有護城河嗎？」答案應該是「不會」。巴菲特這次買進富國銀行的額度看似不大，只有 2 億多美元，占波克夏海瑟威當年淨值的 3.8%，但買下的股數卻已接近富國銀行 10% 的股份，這也是美國證券管理委員會（SEC）同意的最高買股上限。

況且，雖然銀行業的 ROE 比其他產業低，但如果價格夠低，也是不失為很

好的選擇。舉例來說，一直以來，巴菲特常批評銀行的高槓桿不是好投資，即便他在 1990 年買了富國銀行，他還是在 1990 年波克夏海瑟威「致股東信」中提到，銀行高達 20 倍的資產與股東權益比（註 2），向來都不是波克夏海瑟威喜歡的投資標的；然而，除了在 1990 年買進富國銀行之外，他更分別在 2008 年與 2011 年以可轉換特別股投資高盛（Goldman Sachs）與美國銀行（Bank of America）等，主因都是「便宜」，這部分也展現了巴菲特選擇股票的靈活性。

2015年，巴菲特最近一次大量買進富國銀行

巴菲特最近一次買入富國銀行是在 2015 年，花了 8 億 5,900 萬美元購入 1,652 萬 9,147 股，每股成本約為 51.97 美元（＝ 8 億 5,900 萬美元／ 1,652 萬 9,147 股）。

依照富國銀行 2014 年年報的資料，富國銀行的稅前盈餘為 339 億 1,500 萬美元，在外流通股數為 52 億 3,700 萬股，由此可算出，富國銀行的每股稅前盈餘約為 6.48 美元（＝ 339 億 1,500 萬美元／ 52 億 3,700 萬股），巴菲特準星價以每股稅前盈餘報酬率 10% 計算，合理股價為 64.8 美元（＝ 6.48 美元／ 10%）。

註 2：編按：因為銀行自有資本大約只占 5%，其餘 95% 都是存戶的錢。

巴菲特在 2015 年購入富國銀行的每股成本約為 51.97 美元，每股稅前盈餘報酬率約 12.5%（＝6.48 美元／51.97 美元×100%），仍有約 19.8%（＝（64.8 美元－51.97 美元）／64.8 美元×100%）的折價。

對於巴菲特別偏愛富國銀行一事，很多人喜歡穿鑿附會，認為是因為富國銀行很特殊，事實上，只是因為它很便宜而已。

案例 2》麥當勞（McDonald's，美股代號 MCD）

在大金額買股中，1996 年買進麥當勞是巴菲特在使用「巴菲特準星」評價標準衡量時的第 1 個例外，也是最大的例外。

1. **選股標準「ROE」**：麥當勞過去 10 年（1986 ～ 1995 年）的 ROE 平均為 21%，且沒有任何 1 年低於 15%，完美地符合「巴菲特準星」選股標準（詳見圖 2）。

2. **評價標準「稅前盈餘報酬率」**：依照麥當勞 1995 年年報的資料，麥當勞的稅前盈餘為 21 億 6,900 萬美元，在外流通股數為 7 億 2,400 萬股，由此可算出，麥當勞的每股稅前盈餘約為 3 美元（＝21 億 6,900 萬美元／7 億 2,400 萬），巴菲特準星價以每股稅前盈餘報酬率 10% 計算，合理股價

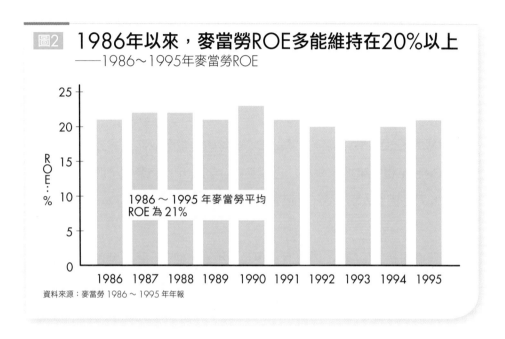

圖2 **1986年以來，麥當勞ROE多能維持在20%以上**
——1986～1995年麥當勞ROE

1986～1995 年麥當勞平均 ROE 為 21%

資料來源：麥當勞 1986～1995 年年報

為 30 美元（＝ 3 美元／ 10%）。

　　巴菲特在 1996 年購入麥當勞的每股成本約為 41.96 美元（＝ 12 億 6,530 萬美元／ 3,015 萬 6,600 股），每股稅前盈餘報酬率約 7.15%（＝ 3 美元／ 41.96 美元 ×100%），也就是說付了約 39.9%（＝（41.96 美元／ 30 美元－ 1）×100%）的溢價。

　　此次高溢價反映出當時市場的狀況，1997 年《紐約時報》（The New York

Times）報導了巴菲特對當時市場的看法，他說：「股票買太貴的風險每隔一段時間就會浮現，我們認為現在（1996年）買進任何股票都付出了高昂的代價。」

但超級巨星企業畢竟具有扎實基礎，當時的麥當勞並非是靠強力回購庫藏股、減少股東權益來提升 ROE。巴菲特在 1996 年持有麥當勞股票之後，在 1997 年可能因買太貴、抱不住而賣出。

雖然沒有直接證據顯示他賣在什麼價位，不過，他在 1998 年波克夏海瑟威「致股東信」中坦言不諱，承認賣出麥當勞股票的這個決定「大錯特錯」，顯見可能只有微薄獲利。

麥當勞靠著生意擴張，增長股東權益的同時，也維持非常高的 ROE，不斷地推升股價，1998 年底的收盤價為 78.31 美元，比 1997 年底的收盤價 47.75 美元上漲了 64%（＝（78.31 美元／ 47.75 美元－ 1）×100%）。

案例 3》卡夫食品（Kraft Foods，美股代號 KRFT）

2007 年，在金融海嘯前夕，波克夏海瑟威的帳面上同時出現了 2 檔投資金額超過 40 億美元的股票，一家是卡夫食品，另一家是伯靈頓北方聖塔菲鐵路

（Burlington Northern Santa Fe，簡稱 BNSF，已合併下市），巴菲特後來購併了整家伯靈頓北方聖塔菲鐵路，這部分我留待後面案例 4 時再進行說明，此處先討論卡夫食品。

卡夫食品經營食品與飲料業務，提供各式食品、飲料等，包含起司、肉製品、飲料、咖啡、包裝正餐、冷藏餐點、堅果零食等種類。

1. **選股標準「ROE」**：卡夫食品過去 10 年（1997 ～ 2006 年）的 ROE 平均為 11%，這數字雖差強人意，且和巴菲特心目中的超級巨星企業 —— ROE 平均 20%，相較之下幾乎只有一半，甚至沒有 1 年超過他的低標 15%，在大金額買股中算是開了先例（詳見圖 3）。

2. **評價標準「稅前盈餘報酬率」**：依照卡夫食品 2006 年年報的資料，卡夫食品的稅前盈餘為 40 億 1,100 萬美元，在外流通股數為 16 億 3,600 萬股，由此可算出，卡夫食品的每股稅前盈餘為 2.45 美元（＝ 40 億 1,100 萬美元／ 16 億 3,600 萬股），巴菲特準星價以每股稅前盈餘報酬率 10% 計算，合理股價為 24.5 美元（＝ 2.45 美元／ 10%）。

當我在計算「稅前盈餘報酬率」時，我發現巴菲特繼買進麥當勞之後，又打開了標準限制。巴菲特在 2007 年購入卡夫食品的每股成本約為 33.38 美元

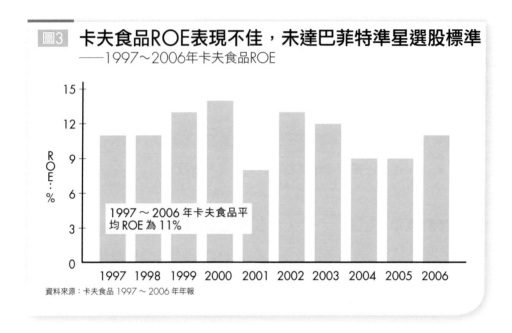

圖3 卡夫食品ROE表現不佳，未達巴菲特準星選股標準
——1997～2006年卡夫食品ROE

1997～2006年卡夫食品平均ROE為11%

資料來源：卡夫食品1997～2006年年報

（＝41億5,200萬元／1億2,439萬3,800股），每股稅前盈餘報酬率只有7.3%（＝2.45美元／33.38美元×100%），也就是說付了約36.2%（＝（33.38美元／24.5美元－1）×100%）的溢價。

巴菲特為什麼會對卡夫食品將這2項標準同時打開？我並沒有找到證據，但這次「雙開」卻為他帶來了不太愉快的經驗。從波克夏海瑟威2007～2011年年報中可以看出，巴菲特在2007年購入卡夫食品後，並沒有好日子過，除了2008年金融海嘯時以每股30.28美元的價格買入約587萬7,700股（＝

表1	**2010年起，巴菲特開始賠售卡夫食品股票**		

——2007～2011年波克夏海瑟威持有卡夫食品之成本、市值

年度	股數（股）	買進成本（美元）	當年底市值（美元）
2007	1億2,439萬3,800	41億5,200萬	40億5,900萬
2008	1億3,027萬1,500	43億3,000萬	34億9,800萬
2009	1億3,027萬1,500	43億3,000萬	35億4,100萬
2010	9,721萬4,584	32億700萬	30億6,300萬
2011	7,903萬4,713	25億8,900萬	29億5,300萬

資料來源：波克夏海瑟威 2007 ～ 2011 年年報

1 億 3,027 萬 1,500 股－1 億 2,439 萬 3,800 股）攤平成本外，之後在 2010 年開始賠錢賣股（詳見表 1）。

在長期處於套牢狀況之下，巴菲特一路減持卡夫食品至 2012 年，因反對公司分拆，又砍掉大量的股份，巴菲特 2013 年又繼續減持該檔股票。至於 2015 年，波克夏海瑟威與 3G 資本公司（3G Capital）聯手主導卡夫食品與全球番茄醬製造商龍頭廠商亨氏食品公司（Heinz）合併，就又是另外的故事了（註 3）。

註 3：編按：2015 年 3 月，亨氏食品（Heinz）與卡夫食品（Kraft）聯合宣布 2 家公司將合併，創建卡夫亨氏公司（The Kraft Heinz Co）。

案例 4》 伯靈頓北方聖塔菲鐵路（Burlington Northern Santa Fe，簡稱 BNSF）

伯靈頓北方聖塔菲鐵路經營鐵路運輸，主要運輸各種原物料，如化學原料、木材、煤、商品貨物、汽車等。巴菲特總共有 2 次買進伯靈頓北方聖塔菲鐵路：第 1 次是 2007 年，共買進其 17.5% 的股份；第 2 次是 2009 年，他把伯靈頓北方聖塔菲鐵路購併了。因此，我們以下分成 2 次交易來看：

2007年，巴菲特首次買進伯靈頓北方聖塔菲鐵路

1.選股標準「ROE」：伯靈頓北方聖塔菲鐵路過去 10 年（1997 ~ 2006 年）的 ROE 平均為 14%（詳見圖 4）。若以一般產業的標準來看，這個數字的確不夠高，但鐵路是高度資本密集的基礎建設，攤提折舊費用高，因此 ROE 通常不高，但建設完成後，就可以不斷地產生現金。

我們也不用替巴菲特擔心，雖然他放寬了選股標準，但這家鐵路公司的營運效率 ROE 在 2005 年後逐漸改善，2005 ~ 2007 年的平均 ROE 提升為 17.63%，是相當不錯的成績。

2.評價標準「稅前盈餘報酬率」：依照伯靈頓北方聖塔菲鐵路 2006 年年報的資料，伯靈頓北方聖塔菲鐵路的稅前盈餘為 29 億 9,200 萬美元，在外

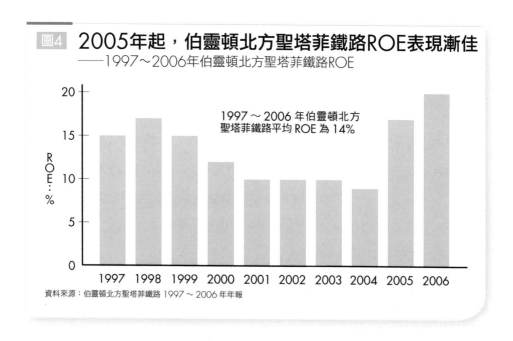

圖4 **2005年起，伯靈頓北方聖塔菲鐵路ROE表現漸佳**
──1997～2006年伯靈頓北方聖塔菲鐵路ROE

1997 ～ 2006 年伯靈頓北方
聖塔菲鐵路平均 ROE 為 14%

資料來源：伯靈頓北方聖塔菲鐵路 1997 ～ 2006 年年報

流通股數為 3 億 7,000 萬股，由此可算出，伯靈頓北方聖塔菲鐵路的每股稅前盈餘為 8.1 美元（＝ 29 億 9,200 萬美元／ 3 億 7,000 萬股），巴菲特準星價以每股稅前盈餘報酬率 10% 計算，合理股價為 81 美元（＝ 8.1 美元／ 10%）。

　　巴菲特在 2007 年購入伯靈頓北方聖塔菲鐵路的每股成本約為 77.78 美元（＝ 47 億 3,100 萬美元／ 6,082 萬 8,818 股），每股稅前盈餘報酬率約 10.4%（＝ 8.1 美元／ 77.78 美元 ×100%），仍在「評價標準」的範圍內。

2009年，巴菲特第2次買進伯靈頓北方聖塔菲鐵路

由於鐵路產業經過數十年整併，逐漸變成寡頭壟斷的局面——「壟斷」是巴菲特最愛的企業特質之一。

依照伯靈頓北方聖塔菲鐵路 2008 年年報的資料，伯靈頓北方聖塔菲鐵路的稅前盈餘為 33 億 6,800 萬美元，在外流通股數為 3 億 4,000 萬股，由此可算出，伯靈頓北方聖塔菲鐵路的每股稅前盈餘為 9.9 美元（＝ 33 億 6,800 萬美元／ 3 億 4,000 萬股），巴菲特準星價以每股稅前盈餘報酬率 10% 計算，合理股價為 99 美元（＝ 9.9 美元／ 10%）。

而 2009 年伯靈頓北方聖塔菲鐵路的購併成本為 440 億美元，每股收購成本為 100 美元，以稅前盈餘報酬率 9.7% 來看，幾近完美地符合評價標準，以便宜的價格得到美國第 1 大的鐵路公司（註 4）。

巴菲特前後總共花了 440 億美元買進伯靈頓北方聖塔菲鐵路，以 2008 年波克夏海瑟威淨值 1,093 億美元而言，這可是賭上約 40%（＝ 440 億美元／ 1,093 億美元 ×100%）身家的傾城之戰。但是，最後結果如何呢？

驚人的事情又發生了——在購併後的 7 年時間（2010 ～ 2016 年），伯靈頓北方聖塔菲鐵路每年產生至少 13% 的稅前盈餘報酬率，高出巴菲特期待的

表2　巴菲特購併伯靈頓北方聖塔菲鐵路達440億美元
——2010～2016年伯靈頓北方聖塔菲鐵路財務數據

年度	稅前盈餘（美元）	成本（美元）	稅前盈餘報酬率（%）
2010	56億9,300萬	440億	13
2011	67億7,500萬	440億	15
2012	61億6,900萬	440億	14
2013	59億2,800萬	440億	14
2014	61億6,900萬	440億	14
2015	67億7,500萬	440億	15
2016	56億9,300萬	440億	13
合計	431億9,900萬	440億	－

資料來源：波克夏海瑟威 2010～2016 年年報

10% 稅前盈餘報酬率，合計 431 億 9,900 萬美元的稅前盈餘，幾乎已經回本了（詳見表 2）。

案例 5》精密鑄件（Precision Castparts）

精密鑄件公司生產的產品，主要用來製造大型、複雜結構的熔模鑄件、機翼鑄件、鍛制零部件、飛機結構構件與工藝先進的緊固件；除此之外，公司也生

註 4：以 2008 年的財報來看，伯靈頓北方聖塔菲鐵路的營收超過聯合太平洋，為美國第 1 大鐵路網。

產擠壓無縫管、管件、鍛件與其他產品，包括商業與軍事機身用結構件、用於鑄造與鍛造的金屬合金與其他材料。

巴菲特並未談到太多買進精密鑄件的原因，但他有說是因為旗下的投資經理人康姆斯（Todd Combs）對於這家公司的介紹，引起了他的注意。2015 年 8 月 10 日，波克夏海瑟威宣布以每股 235 美元的價格購併精密鑄件，整體購併金額高達 326 億 4,200 萬美元。

1. **選股標準「ROE」**：精密鑄件過去 10 年（2006 ～ 2015 年）的 ROE 平均為 20.77%，但有 1 年低於 15%（2015 年 ROE 僅 13.5%），幾近完美地符合選股標準（詳見圖 5）。

2. **評價標準「稅前盈餘報酬率」**：依照精密鑄件 2015 年年報的資料，精密鑄件的稅前盈餘為 25 億 3,900 萬美元，在外流通股數為 1 億 4,350 萬股，由此可算出，精密鑄件的每股稅前盈餘為 17.69 美元（＝ 25 億 3,900 萬美元／ 1 億 4,350 萬股），巴菲特準星價以每股稅前盈餘報酬率 10% 計算，合理股價為 176.9 美元（＝ 17.69 美元／ 10%）。

2015 年，波克夏海瑟威購併精密鑄件成本為 326 億 4,200 萬美元，每股收購成本為 235 美元，每股稅前盈餘報酬率為 7.5%（＝ 17.69 美元／ 235

圖5　波克夏海瑟威購併時，精密鑄件僅1年ROE未達標
——2006～2015年精密鑄件ROE

2006～2015年精密鑄件平均ROE為21%

資料來源：精密鑄件2006～2015年年報與2015年季報、《路透》

美元×100%），巴菲特罕見地付出了32.8%（＝（235美元／176.9美元－1）×100%）的溢價。

　　與卡夫食品的狀況不同，精密鑄件的出價有很大一部分是因為購併整家公司的溢價，巴菲特宣布購併前的收盤價為193.88美元，光這部分就是21%（＝（235美元／193.88美元－1）×100%）的溢價。

　　好公司的大型購併機會並不常見，也與2009年購併伯靈頓北方聖塔菲鐵路

表3　選股與擇價之間，巴菲特會依情況展現適當彈性

——以富國銀行、麥當勞、卡夫食品、伯靈頓北方聖塔菲鐵路、精密鑄件為例

比較項目		富國銀行	麥當勞	卡夫食品	伯靈頓北方聖塔菲鐵路	精密鑄件
買進期間		1990年首次買進	1995～1996年	2007年	2009年購併	2015年購併
選股標準	過去10年ROE平均>20%	✗	✓	✗	✗	✓
	過去10年ROE沒有任何1年<15%	✗	✓	✗	✗	✗
評價標準	稅前盈餘報酬率>10%	✓	✗	✗	✓	✗
買進稅前盈餘報酬率（%）		33	7	7	10	8
買進金額（美元）		3億	13億	42億	440億	326億
買進金額占波克夏海瑟威買進該公司股票前一年的淨值（%）		6	7	4	40	14

註：1. 公司排列順序依巴菲特買進時間排列；2. 買進金額四捨五入至億美元　　資料來源：各公司年報

的情況不同（當時是因為金融海嘯提供了比較好的價格）。在精密鑄件的購併上，巴菲特付出的代價是否得到相對的回報？目前並沒辦法從波克夏海瑟威的財報中找到資料證明，不過，我們可以繼續追蹤這筆交易，看看是否能夠在未來產生他心目中每年 10% 的每股稅前盈餘報酬率。

在上述不符合巴菲特準星的 5 個投資案例中，我們可以發現，市場不可能永

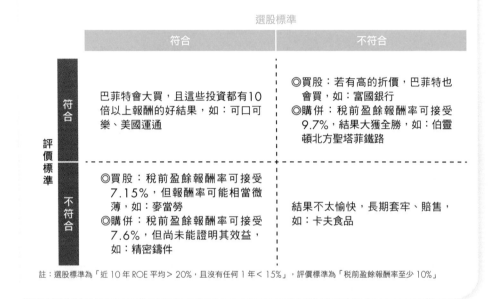

圖6　符合巴菲特準星兩項標準，投資報酬均十分亮眼
——以巴菲特準星分析巴菲特經典投資與報酬

		選股標準	
		符合	不符合
評價標準	符合	巴菲特會大買，且這些投資都有10倍以上報酬的好結果，如：可口可樂、美國運通	◎買股：若有高的折價，巴菲特也會買，如：富國銀行 ◎購併：稅前盈餘報酬率可接受9.7%，結果大獲全勝，如：伯靈頓北方聖塔菲鐵路
	不符合	◎買股：稅前盈餘報酬率可接受7.15%，但報酬率可能相當微薄，如：麥當勞 ◎購併：稅前盈餘報酬率可接受7.6%，但尚未能證明其效益，如：精密鑄件	結果不太愉快，長期套牢、賠售，如：卡夫食品

註：選股標準為「近 10 年 ROE 平均 > 20%，且沒有任何 1 年 < 15%」，評價標準為「稅前盈餘報酬率至少 10%」

遠提供「完美的獵物」，而巴菲特在選股與選擇進場價時也展現了彈性，但身為投資人，即使精明如他，也難免有幾次狼狽（詳見表 3）。

在 3-2、3-3 中，我們總共看了巴菲特投資 9 家公司、共 11 次的案例，其中包括了巴菲特在各年代最大或最具意義的買股或購併案，我們可以將其歸納為 4 種狀況：「選股標準」、「評價標準」這 2 項標準都符合巴菲特準星是最

圖7 巴菲特將投資資金大量集中於準星線交點
——巴菲特準星圖

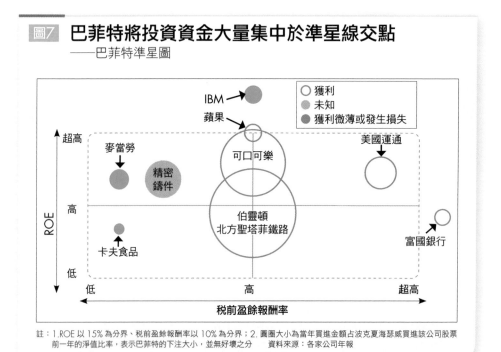

註：1.ROE 以 15% 為分界、稅前盈餘報酬率以 10% 為分界；2. 圓圈大小為當年買進金額占波克夏海瑟威買進該公司股票前一年的淨值比率，表示巴菲特的下注大小，並無好壞之分　　資料來源：各家公司年報

好的，若只符合其中一項標準，只要買太貴，結果通常不太好（詳見圖6）。

　　如果將上述這些案例畫成圖表，我們可以看到，巴菲特將波克夏海瑟威的銀彈大量集中在準星線上（詳見圖7）。這讓我想到，巴菲特為什麼對投資有優異表現的人給予的最高稱讚是「紀律投資人」──因為他自己就是。

第 4 篇

閱讀財報
直搗企業核心

4-1

簡單6步驟
隨時查看10-K財報

　　了解巴菲特的投資方式之後，接下來就要學習如何看懂美國公司的財務報表（簡稱財報）。

　　為什麼要看懂財報呢？這是因為每一筆錢都是自己辛苦賺來的，在投資一家公司之前，至少要知道這家公司在做什麼。財報才是真正教科書等級的投資教材，與其看一些只講觀念的投資書籍，不如自己看看財報，更能直指核心。

　　此外，直接看公司的財報，比看標準化格式的財報數據網站來得有優勢，因為每家公司揭露的方式都不太一樣，有些科目若比率較高或具重大性，在財報中都會被要求分開揭露，因此投資人只要看公司財報上的分類，就可以知道這家公司的主業與經營模式。

　　舉例來說，嘉年華郵輪（Carnival Cruise，美股代號 CCL）在 2014 年的財

報中，將食物（Food）、燃料（Fuel）以及佣金、交通和其他（Commissions, transportation and other）等重大支出，都分得非常詳細（詳見圖 1）。光看到這些項目，就可以有些聯想，例如油價漲跌會影響公司獲利，非常簡單，不是嗎？

我相信很多投資美股的人，可能看過 10 本以上的投資書籍，但卻連 10 頁的財報都沒看過。畢竟一份隨便就 100 頁起跳的「上市公司財報」，已經讓人覺得是難以跨越的障礙，若再加上「美國」、「英文」等字眼，就更令人視為畏途。也因此，一看到有人拿財報出來，可能就暈頭轉向了。

但事實並非如此，因為美國上市公司財報是公司用來提供投資大眾資訊最重要的工具，通常不會寫得太難，讓一般人都看不懂；況且財報裡面充滿豐富、全面的信息，非常值得一讀。

美國有些公司財報有 2 種，一種為 10-K，另一種為 Annual Report。10-K 是給美國證券管理委員會（SEC）的正式財報，而 Annual Report 除了包括 10-K，常常還會有公司執行長寫一堆自我表揚的話與不知所云的照片，所以我通常只看 10-K。

要注意的是，10-K 中，每家公司的財務年度（fiscal year）會有所差異：有

圖1 觀察財報分類，可看出公司主業和經營模式
——2014年嘉年華郵輪損益表

Table of Contents

CARNIVAL CORPORATION & PLC
CONSOLIDATED STATEMENTS OF INCOME
(in millions, except per share data)

年度計算截至11月30日
Years Ended November 30,

		2014	2013	2012
Revenues	收入			
Cruise	巡航			
Passenger tickets	旅客票券	$ 11,889	$ 11,648	$ 11,658
Onboard and other	登船和其他	3,780	3,598	3,513
Tour and other	旅遊和其他	215	210	211
		15,884	15,456	15,382
Operating Costs and Expenses	營業成本和費用			
Cruise	巡航			
Commissions, transportation and other	佣金、交通和其他	2,299	2,303	2,292
Onboard and other	登船和其他	519	539	558
Fuel	燃料	2,033	2,208	2,381
Payroll and related	薪水及其相關	1,942	1,859	1,742
Food	食物	1,005	983	960
Other ship operating	其他船舶作業	2,445	2,589	2,233
Tour and other	旅遊和其他	160	143	154
		10,403	10,624	10,320
Selling and administrative	銷售和行政	2,054	1,879	1,720
Depreciation and amortization	折舊和攤銷	1,635	1,588	1,527
Ibero goodwill and trademark impairment charges	伊比利亞商譽和商標減值費用	—	13	173
		14,092	14,104	13,740
Operating Income	營業收入	1,792	1,352	1,642
Nonoperating (Expense) Income				

註：單位為百萬美元　　資料來源：嘉年華郵輪 2014 年財報

些公司的營業區間與日曆年相同（calendar year，指每年 1 月 1 日～ 12 月 31 日），例如麥當勞（McDonald's，美股代號 MCD）；有些公司的營業區間卻不一定，例如耐吉（Nike，美股代號 NKE）2018 年的財務年度期間為 2017 年 6 月 1 日～ 2018 年 5 月 31 日。因此，大家在看 10-K 時，必須注意這家公司的財務年度是什麼時候，以免與實際情況有落差。

以下介紹我如何查詢美國公司的 10-K 財報：

查詢美國公司10-K財報
——以麥當勞（McDonald's）為例

進入美國證券管理委員會（SEC）的首頁（www.sec.gov）。在❶「FILINGS」（申報檔）的下拉選單中，點選❷「EDGAR Search Tools」（電子化數據分析系統搜尋工具）。

接續
下頁

STEP 2　　點選左方側欄的❶「Company Filings」（公司文件）。

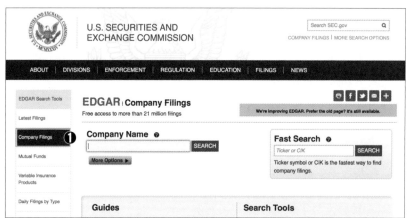

STEP 3　　接著，在「Fast Search」（快速搜尋）中，輸入麥當勞的美股代號❶
「MCD」，並按下❷「Search」（搜尋）。

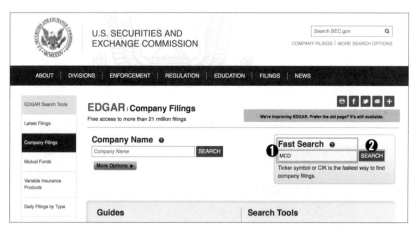

畫面會出現各項財務報告列表，在「Filing Type」（檔案類型）中輸入❶「10-K」，並按下❷「Search」（搜尋）。

接著，畫面就會出現所有與「10-K」有關的資料，你可以挑選自己想看的年度。此處以2019年2月22日公布的資料為例，點選「Format」（格式）下方的❶「Document」（文件）。

接續
下頁

STEP 6　出現各種文件格式檔案後，點選「Document」（文件）下方、「Form 10-K」右方的❶「mcd-12312018x10k.htm」，即可看到麥當勞2019年2月22日公布的10-K完整內容。

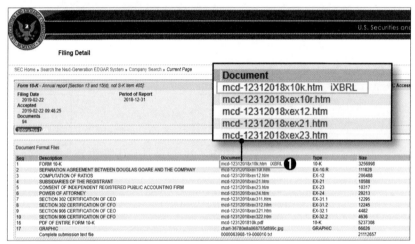

資料來源：美國證券管理委員會

4-2

用一杯咖啡時間讀財報
就能對公司「懂一輩子」

知道如何查詢美國公司財報以後，接著我就要來告訴你，我是如何讀懂美國公司財報的。

根據我研究美股多年的經驗，美國公司財報其實出奇的簡單。若是採用我的方法，即使英文不太好，也可以輕易地在一杯咖啡的時間內看懂財報，而且看完後，你會比世界上 95% 的人還懂這家公司，更好的是「懂一輩子」。

我的方法說穿了很簡單，由於財報內容大多平鋪直述，沒有太高深的文法，因此只要找出其中的「關鍵字」和「關鍵數字」並加以運用，就可以迅速蒐集財報中有用的訊息。

為了證明所言非虛，接下來我要帶大家從頭看過一遍，讓任何沒去過美國、英文普通的人都能讀通 10-K，並能留下漂亮的筆記來協助自己做投資決定。

著重財報關鍵單字、數字，投資判斷更有依據

以下就以麥當勞（McDonald's，美股代號 MCD）2016 年的財報為例。

選擇麥當勞做解說，一方面是因為它是道瓊工業平均指數成分股的好公司，另一方面是其財報只有 55 頁，僅為一般公司的一半，因此是很好的入門選擇。

各位千萬不要先入為主地認為麥當勞是檔「老牛股」，沒有什麼好看，你要知道，麥當勞 2017 年的股價可是漲了 40% 以上，遠勝於道瓊工業平均指數。

從麥當勞 2016 年的財報目錄上，我們可以看到總共有 22 個項目（Item 1 ～ Item 16，部分項目有分 A、B 與附加項目），不過真正比較有閱讀價值的只有 Item 1 ～ Item 7（詳見圖 1）。

項目1：商業

財報中，此項目又分為一般（General）、關於市場區隔的財務資訊（Financial information about segments）、商業敘事描述（Narrative description of business）、有關地理區域的財務訊息（Financial information about geographic areas）和可用資訊（Available information）5 部分，其中以「一般」和「商業敘事描述」最為重要，其他則可忽略不看。

1. **一般**：「Material」是個重要的會計單字，意思是「重大」。通常在財報裡只要出現這個單字，整段文字就需要仔細閱讀。

財報原文：During 2016, there were no **material** changes to the Company's corporate structure or in its method of conducting business.

➡這裡雖然出現了「material」，但閱讀整句話後，發現是「沒有重大改變」（no material changes），因此整段文字便顯得不重要了。

2. **商業敘事描述**：此部分又可分為一般（General）、供應鏈和品質保證（Supply Chain and Quality Assurance）、產品（Products）、行銷（Marketing）、智慧財產權（Intellectual property）、季節性操作（Seasonal operations）、營運資金活動（Working capital practices）、顧客（Customers）、未消化訂單（Backlog）、政府合約（Government contracts）、競爭者（Competition）、研究與發展（Research and development）、環境問題（Environmental matters）、員工人數（Number of employees）等。

這部分大家只需要留意「一般」、「季節性操作」和「競爭者」，其他都可以忽略。因為我們讀財報的目的是做投資判斷，而不是要學習經營這家公司，所以很多管理細節的部分都可以不用管。

圖1 美股財報項目多，找出較有價值的部分閱讀即可
——2016年麥當勞財報目錄

McDONALD'S CORPORATION

INDEX

All trademarks used herein are the property of their respective owners.

資料來源：麥當勞 2016 年年報

①一般：這段是我認為最重要的部分，因為公司最主要的業務都會在此段詳細描述，而財報中只要出現「數字」就必須仔細閱讀。

財報原文：The Company operates and franchises McDonald's restaurants, which serve a locally-relevant menu of quality food and beverages sold at various price points in more than **100 countries**.

➜發現數字「100 countries」，此句顯示麥當勞在超過 100 個國家有生意。

財報原文：McDonald's global system is comprised of both **Company-owned** and **franchised** restaurants. McDonald's franchised restaurants are owned and operated under one of the following structures-conventional franchise, developmental license or affiliate.

➜此段提及麥當勞旗下餐廳分成公司直營、加盟 2 大類，其中加盟方式又可分成「conventional franchise」、「developmental license」和「affiliate」。在這邊，就算不了解這 3 種加盟方式的差異，也不影響我們閱讀。

財報原文：We continually review our mix of Company-owned and franchised restaurants to help **optimize** overall performance, with a goal to be approximately **95% franchised over the long term**.

➜又出現數字了，「95%」。公司認為，加盟店應占整體店數的 95%，才

可使公司表現最佳化。這也意味著該公司目前加盟店占整體店數的比率應不是 95%，後面一定還會有個數字出現。

　　財報原文：The Company is primarily a franchisor, with approximately **85%** of McDonald's restaurants currently owned and operated by independent franchisees.

　　➡數字出現了！目前麥當勞加盟店占整體店數比率為 **85%**，所以我們得到一個重要的訊息：該公司會陸續將直營的餐廳賣出給加盟商，因為前面提到的「95%」才是最佳化。

　　財報原文：Under a conventional franchise arrangement, **the Company generally owns the land and building or secures a long-term lease** for the restaurant location and **the franchisee pays for equipment, signs, seating and décor**.

　　➡接著，財報開始介紹麥當勞如何經營「conventional franchise」加盟型態。這種加盟型態的土地和房子大多屬於麥當勞總公司，或由麥當勞代租，加盟商必須負責裡面所有的裝潢、位置和設備。

　　財報原文：The Company 's **typical franchise term is 20 years**.

　　➡數字又出現了，「20 years」，顯示加盟合約一簽就是 20 年。

財報原文：The Company requires **franchisees to meet rigorous standards and generally does not work with passive investors.**

➔此段強調，「conventional franchise」這種加盟型態的加盟商必須親自參與經營，且須符合麥當勞嚴格的標準，只投資金錢卻不參與經營是不被接受的。

財報原文：Conventional franchisees contribute to the Company's **revenue** through the **payment of rent and royalties based upon a percent of sales,** with specified minimum rent payments, along with initial fees paid upon the opening of a new restaurant or grant of a new franchise.

➔「收入」（revenue）當然是一個很重要的單字，「conventional franchise」這種加盟型態的加盟商必須付營業額（sales）的某個百分比（可能為1%或1.5%，根據雙方同意的比率）給麥當勞作為租金和權利金，但租金有最低應付金額，所以某個百分比和最低應付金額取其高者。每開一家新店或取得新的加盟合約要另付費用，所以有些人說麥當勞的本業是「包租公」，其實也滿貼切的。

財報原文：This structure enables McDonald's to generate significant levels of **cash flow.**

➔「現金流」（cash flow）也是關鍵字。麥當勞認為，前述的方法可讓公司產生強大的現金流。

財報原文：Under a developmental license arrangement, **licensees** provide **capital for the entire business, including the real estate** interest. The Company **does not invest any capital** under a developmental license arrangement.

➡接著，財報開始介紹麥當勞如何經營「developmental license」加盟類型。麥當勞對「developmental license」這種加盟型態不會提供資本，加盟商必須自行負責租屋等大型投資。

財報原文：The Company receives a royalty based upon **a percent of sales** as well as initial fees upon the opening of a new restaurant or grant of a new license.

➡麥當勞會收取「developmental license」這種加盟型態某個百分比的營業額作為權利金，每開一家新店或取得新的加盟合約要另付費用。

財報原文：We use the developmental license ownership structure in **over 80 countries with a total of approximately 6,300 restaurants.**

➡麥當勞在超過 80 個國家的約 6,300 家店，都是「developmental license」這種加盟型態。

財報原文：In **early 2017, the Company announced the sale of its** businesses in China and Hong Kong, including more than 1,750 company-operated restaurants, to a developmental licensee. Under the terms of the agreement, **the Company will retain a 20% ownership** in the business.

→ 2017 年，麥當勞把中國和香港的直營店賣出之後，就用「developmental license」這種加盟型態營運，但麥當勞仍保留 20% 的股權。綜上所述，我們得知了麥當勞如何認列加盟店營收的重要訊息。

財報原文：Finally, the Company also has an **equity investment** in a limited number of foreign affiliated markets, referred to as "affiliates."

→ 接著，財報繼續介紹麥當勞如何經營「affiliate」加盟類型。麥當勞會對「affiliate」這種加盟類型的加盟商進行股權投資。

財 報 原 文：In these markets, the Company receives a royalty based on **a percent of sales** and **records its share of net results in Equity in earnings** of unconsolidated affiliates.

→ 麥當勞會收取「affiliate」這種加盟型態某個百分比的營業額作為權利金，且認列股權比率的淨利為公司權益。

財報原文：The largest of these affiliates is **Japan**, where there are nearly

3,000 restaurants.

➡「affiliate」這種加盟型態以日本為主，約有 3,000 家餐廳。

　　讀到這裡，我們可以發現，麥當勞目前有 85% 的店都是加盟店，收取費用的方式是租金、權利金和加盟時收的費用；而該公司未來的方向，就是減少直營店、提高加盟店比率（從 85% 提升至 95%）。

　　這樣的策略對財務數字會有怎樣的影響？我們剛剛從財報中看到，麥當勞會認列加盟商某個百分比的營業額作為自己的收入，這表示未來直營店減少後，麥當勞的營收會下降，因為原本認列 100% 的營收會下降至某個百分比，相對應的費用也會減少。不過這只是線索，我們還必須從財務數字上找到證據。

　　②季節性操作
　　財報原文：The Company does not consider its operations to be seasonal to any **material** degree.

➡「material」這個單字又出現了！麥當勞表示，公司並沒有重大的季節性問題。那為什麼我還是建議要注意這個項目？這是因為有些公司有強烈的季節性，例如報稅公司 H&R Block（美股代號 HRB），只有在報稅季節賺大錢，其餘時間都是賠錢，因此在觀察這類型公司的營業週期時，就不適合用「季」來比較。

③競爭者:「競爭者」雖然是很重要的資訊,但在 2016 年財報中,麥當勞僅提到一些市占率數字,並未指出直接競爭者。這樣空泛的內容其實沒什麼可用資訊,當成充實產業知識的材料,看看就罷了。

項目1A:關於前瞻性陳述的風險因素和注意聲明

「風險」(Risk)當然也是很重要的關鍵字,但大多公司的這部分文字,常常很像是基金公開說明書的免責聲明,所以一般來說我會跳過。發生概率比較高且會有重大影響的風險,通常會在商業(Business)或管理層的討論(Management's Discussion)裡面提到,因此從這 2 部分看就好了。

項目1B:未解決的員工評論

無資料。

項目2:性能

沒什麼可用訊息,可忽略。

項目3:法律訴訟

這是公司正在進行訴訟的案件,大多上市公司都是官司一堆,不用細究。

這部分我通常只想找到一句話:「公司不相信目前的任何訴訟案件若輸了,

會對公司的財務和營運狀況產生重大負面影響。」（While the Company does not believe that any such claims, lawsuits or regulations will have a material adverse effect on its financial condition or results of operations.）

但一般而言，公司都不敢把話說滿，所以通常會再補充一句：「雖然還是有一點可能會發生重大負面影響」（unfavorable rulings could occur），只要看到這句話，就可以把項目 3 全部略過不看了。

項目4：礦山安全披露

無資料。

附加項目：公司高階主管履歷

除非你是人頭獵人，否則也可以跳過這部分。因為我們喜歡的是華倫・巴菲特（Warren Buffett）所說的那種「連白痴都能經營得好的公司」，所以不用在乎公司的執行長（CEO）是誰。

項目5：註冊人普通股股權、相關股東事項及股票發行人購買股權證券的市場

1. **市場訊息和股利政策（Market Information and Dividend Policy）**：這部分會先看到公司的股利政策。讀財報對於「＊」這個符號一定要特別注意，

因為這代表異常現象或必須特別解釋的事件。

麥當勞針對過去每季派發股利0.89美元，但2016年第3季卻暴增至1.83美元一事做出了說明。從註解處「*Includes an $0.89 per share dividend declared and paid in third quarter, and a $0.94 per share dividend declared in third quarter and paid in fourth quarter」可以得知，第3季的1.83美元，包括第3季宣布和支付的每股0.89美元的股息，以及第3季宣布並在第4季支付的每股0.94美元的股息（詳見圖2）。

財報原文：Given the Company's returns on incremental invested capital and assets, **management believes** it is prudent to reinvest in the business in markets with acceptable returns and/or opportunity for long-term growth and use **excess cash flow to return cash to shareholders through dividends and share repurchases**.

→當文章出現「management believes」這樣的字句時，也要特別注意，因為這代表著公司高層的看法。這段提到，除了公司認為有好的投資機會，或為維持長期成長所需的資金之外，會將多餘的現金以股利和股票回購的方式回饋給股東。

財報原文：The Company has paid dividends on common stock for 41

圖2 **財報出現「＊」，投資人應多加留意**
——2015～2016年麥當勞股利政策

Dollars per share 美元／每股	2016			2015		
	最高價	最低價	股利	最高價	最低價	股利
	High	Low	Dividend	High	Low	Dividend
Quarter: 季度						
First 第1季	126.96	112.71	0.89	101.09	88.77	0.85
Second 第2季	131.96	116.08	0.89	101.08	94.02	0.85
Third 第3季	128.60	113.96	1.83 ＊	101.88	87.50	0.85
Fourth 第4季	124.00	110.33	—	120.23	97.13	0.89
Year	131.96	110.33	3.61	120.23	87.50	3.44

＊ Includes an $0.89 per share dividend declared and paid in third quarter, and a $0.94 per share dividend declared in third quarter and paid in fourth quarter.

＊ 第3季宣布和支付的每股0.89美元的股息，以及第3季宣布並在第4季支付的每股0.94 美元的股息

資料來源：麥當勞 2016 年年報

consecutive years through 2016 and has increased the dividend amount at least once every year.

➡數字又出現了！這句話提到，到 2016 年，麥當勞將已連續派發 41 年股利，而且每年至少提升 1 次股利。這代表公司不但可以保持成長，而且還有豐沛的現金可以回饋給股東。

2. **證券的發行**（Issuer Purchases of Equity Securities）：又出現「＊」星號了！麥當勞說明除了股利之外，我們也看到了 2015 年 12 月公司董事會批

准了 150 億美元的預算用於股票回購（詳見圖 3），而公司在 2016 年執行了 126 億 4,322 萬美元，查看流通股數降低了 8.83%。

這裡我們可以先停下來，思考一下之前管理階層所說的話：要將公司的加盟比率從 85% 提升至 95%，將賣掉資產的錢回饋股東。這些目標在此處可得到驗證，公司的策略與實際行動相符，除了加發特別股利之外，還加速股票回購，一口氣將流通股數減少了 8.83%。

麥當勞為何有如此大的策略變化？從麥當勞 2011 ～ 2016 年整體報酬率中就可以知道了。

假設 2011 年 12 月 31 日麥當勞普通股、標準普爾 500 指數（S&P 500）和道瓊工業平均指數（包括麥當勞）的投資價值為 100 美元，圖 4 中可以看出，麥當勞從 2011 年開始，表現就落後 S&P 500 和道瓊工業平均指數，而在 2015 年上任的新管理階層必須施以大動作來讓公司表現往上衝，拓展生意的有機成長（註 1）太慢了，必須採取更激烈的財務工程才行。

項目6：選定的財務資料

註 1：有機成長（organic growth），指靠自身營運而非購併的成長。

根據財報，觀察公司策略與行動是否相符
——2016年麥當勞證券發行政策

ISSUER PURCHASES OF EQUITY SECURITIES 公司股票回購

The following table presents information related to repurchases of common stock the Company made during the quarter ended December 31, 2016*:

下表提供了與公司在截至2016年12月31日的季度中回購普通股有關的資訊*：

期間 Period	購買的股份總數 Total Number of Shares Purchased	每股平均價格 Average Price Paid per Share	作為公開公布的計畫或計畫的一部分而購買的股份總數 Total Number of Shares Purchased as Part of Publicly Announced Plans or Programs[1]	可能根據計畫或方案購買的近似美元價值的股票 Approximate Dollar Value of Shares that May Yet Be Purchased Under the Plans or Programs[1]
October 1-31, 2016 2016.10.01～10.31	5,902,572	113.43	5,902,572	$ 4,571,138,206
November 1-30, 2016 2016.11.01～11.30	3,076,425	116.25	3,076,425	4,213,514,184
December 1-31, 2016 2016.12.01～12.31	2,915,083	121.76	2,915,083	3,858,569,963
Total 總計	11,894,080	116.20	11,894,080	

* Subject to applicable law, the Company may repurchase shares directly in the open market, in privately negotiated transactions, or pursuant to derivative instruments and plans complying with Rule 10b5-1, among other types of transactions and arrangements.

(1) On December 3, 2015, the Company's Board of Directors approved a share repurchase program, effective January 1, 2016, that authorized the purchase of up to $15 billion of the Company's outstanding common stock with no specified expiration date.

*根據適用法律，本公司可直接在公開市場，私下協商交易或遵守規則10b5-1的衍生工具和計畫，以及其他類型的交易和安排中回購股份
（1）2015年12月3日，公司董事會批准了一項股票回購計畫，該計畫自2016年1月1日起生效，授權購買最多150億美元的公司在外流通的普通股，且沒有規定的到期日

註：1. 購買的股份總數、作為公開公布的計畫或計畫的一部分而購買的股份總數單位為「股」；2. 每股平均價格、可能根據計畫或方案購買的近似美元價值的股票單位為「美元」　資料來源：麥當勞 2016 年年報

　　麥當勞的 2016 年年報真是不錯的投資教科書，我們可以看看其中有哪些特別之處：「總收入」（total revenues）從 2011 年的 270 億 600 萬美元，減少至 2016 年的 246 億 2,200 萬美元，下滑 8.83%；「淨利」（net income）從 2011 年的 55 億 300 萬美元，減少至 2016 年的 46 億 8,700 萬美元，下滑了 14.83%；但「年底市場價格」（market price at year end）卻從 2011 年的 100.33 美元，成長到 2016 年的 121.72 美元，增加了 21.32%。

　　雖然淨利下滑 14.83%，但因為在外流通股數從 10 億 2,100 萬股減少了 18.8%、至 8 億 1,900 萬股，因此麥當勞每股稅後盈餘（EPS）從 2011 年的 5.27 美元，成長 3.2%、至 2016 年的 5.44 美元。

　　新管理階層在 2015 年上任後，全部類型的餐廳從 3 萬 6,258 家成長 1.77%、達到 3 萬 6,899 家，公司經營的餐廳從 6,714 家下降 15.56%、達到 5,669 家，加盟比率從 81.48% 提升至 84.64%，符合公司所主張的方向（詳見圖 5）。

　　此外，附註的部分通常都很重要，圖 5 附註（2）的原文為「While franchised sales are not recorded as revenues by the Company, management believes they are important in understanding the Company's financial performance because these sales are the basis on which the Company calculates and records franchised revenues and are indicative of the financial health of the franchisee base. Franchised restaurants represent approximately

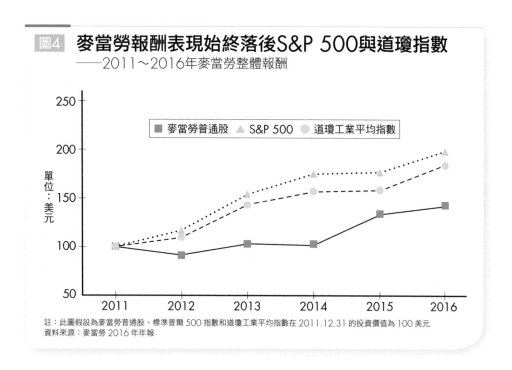

圖4 麥當勞報酬表現始終落後S&P 500與道瓊指數
——2011～2016年麥當勞整體報酬

圖例：■ 麥當勞普通股　▲ S&P 500　● 道瓊工業平均指數

單位：美元

註：此圖假設為麥當勞普通股、標準普爾 500 指數和道瓊工業平均指數在 2011.12.31 的投資價值為 100 美元
資料來源：麥當勞 2016 年年報

85% of McDonald's restaurants worldwide at December 31, 2016.」

　　這個附註說明了麥當勞如何認列收入，加盟店的收入並不算是麥當勞總公司的收入，但還是會公布加盟店收入來衡量加盟店的財務健全度。

項目7：管理階層對財務狀況和經營成果的討論與分析

　　美股財報中，管理階層的討論與分析（Management's Discussion and

財報的附註內容，常為營運關鍵所在
——2016年麥當勞選定的財務資料

ITEM 6. Selected Financial Data
項目6：選定的財務資料

6-Year Summary 6年總結				年度計算截至12月31日 Years ended December 31,		
In millions, except per share and unit amounts 除了每股和單位金額以外，單位為百萬美元	2016	2015	2014	2013	2012	2011
Consolidated Statement of Income Data 綜合損益表數據						
Revenues 收入						
Sales by Company-operated restaurants 公司經營的餐廳銷售	$ 15,295	$ 16,488	$ 18,169	$ 18,875	$ 18,603	$ 18,293
Revenues from franchised restaurants 特許經營餐廳的收入	9,327	8,925	9,272	9,231	8,964	8,713
Total revenues 總收入	24,622	25,413	27,441	28,106	27,567	27,006
Operating income 營業收入	7,745	7,146	7,949	8,764	8,605	8,530
Net income 淨利	4,687	4,529	4,758	5,586	5,465	5,503
Consolidated Statement of Cash Flows Data 合併現金流量表數據						
Cash provided by operations 營業提供的現金	$ 6,060	$ 6,539	$ 6,730	$ 7,121	$ 6,966	$ 7,150
Cash used for investing activities 用於投資活動的現金	982	1,420	2,305	2,674	3,167	2,571
Capital expenditures 資本支出	1,821	1,814	2,583	2,825	3,049	2,730
Cash used for (provided by) financing activities 用於（由提供）融資活動的現金	11,262	(735)	4,618	4,043	3,850	4,533
Treasury stock purchases[1] 購買庫藏股[1]	11,142	6,182	3,175	1,810	2,605	3,373
Common stock dividends 普通股股利	3,058	3,230	3,216	3,115	2,897	2,610

Financial Position 財務狀況

Total assets 資產總額	$ 31,024	$ 37,939	$ 34,227	$ 36,626	$ 35,386	$ 32,990
Total debt 負債總額	25,956	24,122	14,936	14,130	13,633	12,500
Total shareholders' equity 股東權益總額	(2,204)	7,088	12,853	16,010	15,294	14,390
(deficit) Shares outstanding （赤字）在外流通股數	819	907	963	990	1,003	1,021

Per Common Share Data 普通股每股數據

Earnings-diluted 收益稀釋	$ 5.44	$ 4.80	$ 4.82	$ 5.55	$ 5.36	$ 5.27
Dividends declared Market 宣布股息	3.61	3.44	3.28	3.12	2.87	2.53
price at year end 年底市場價格	121.72	118.44	93.70	97.03	88.21	100.33

Restaurant Information and Other Data 餐廳資訊和其他數據

Restaurants at year end 年底的餐廳

Company-operated restaurants 公司經營的餐廳	5,669	6,444	6,714	6,738	6,598	6,435
Franchised restaurants 特許經營的餐廳	31,230	30,081	29,544	28,691	27,882	27,075
Total Systemwide restaurants 全部類型的餐廳	36,899	36,525	36,258	35,429	34,480	33,510
Franchised sales[2] 特許經營銷售[2]	$ 69,707	$ 66,226	$ 69,617	$ 70,251	$ 69,687	$ 67,648

(1) Represents treasury stock purchases as reflected in Shareholders' equity.
(2) While franchised sales are not recorded as revenues by the Company, management believes they are important in understanding the Company's financial performance because these sales are the basis on which the Company calculates and records franchised revenues and are indicative of the financial health of the franchisee base. Franchised restaurants represent approximately 85% of McDonald's restaurants worldwide at December 31, 2016.

（1）代表股東權益中反映的庫存股票購買
（2）雖然特許經營銷售並未記錄為公司的收入，但管理階層認為他們對了解公司的財務業績非常重要，因為這些銷售是公司計算和記錄特許經營收入的基礎，並表明了公司的財務狀況。2016年12月31日，特許經營餐廳占全球麥當勞餐廳的約85%。

資料來源：麥當勞 2016 年年報

Analysis，簡稱 MD&A）通常是財報中最有趣的部分，你可以看到公司自我檢討前一年度所做的事，更重要的還有管理階層對未來的展望。

美國證券管理委員會（SEC）對上市公司的 MD&A 相當重視，確保管理階層有充分揭露關鍵財務或營運訊息供投資人參考，其中必須包括「前瞻性聲明」（forward looking statement），也就是基於預期、估計和預測時做出的聲明，包含風險和不確定性可能導致的結果。

管理階層通常會在 MD&A 中討論 3 大項目：1. 公司營運（company operations）、2. 現金流量及流動性（cash flows and liquidity）、3. 財務狀況及資本資源（financial position and capital resources）。這個部分雖然也很重要，但討論內容的結果都已經反映在財報數字上了。如果你是第 1 次閱讀一家公司的財報，最好把精力集中在商業（business）上，通常只有 2 ～ 3 頁，之後再每年看看 MD&A 就好了。

讀財報是非常划算的投資，只要沒有發生重大購併，美國公司的財報通常不會有太大的改變，麥當勞 2017 年和 2007 年的財報，除了數字不太一樣以外，其他沒有什麼改變，經營模式都是賣漢堡。

記住看財報的 3 訣竅：

1. 掌握關鍵字與「 * 」符號。

2. 注意關鍵數字。

3. 專注公司的經營模式，而非管理細節。

只要能善用 3 大訣竅，就能把財報讀得又快又好，讀懂以後，每年只要看看更新的數字就好了。

4-3

解析銀行業務
只要看懂3指標就足夠

　　4-2 所介紹的財報閱讀方法，適用於一般產業，但是在股市中，有一個較獨特的產業「銀行」，它的財報格式和其他產業都不同，所以必須將它獨立出來說明。

　　銀行的本質，是以較低的利息吸收存款，然後把錢拿去以比較高的利息放款或投資，賺取中間的利差或投資收益。舉個簡單的小故事：

　　銀行家的兒子問銀行家：「爸爸，銀行裡的錢都是客戶和存戶的。那你是怎樣賺來房子、賓士車（Benz）和遊艇的呢？」

　　銀行家說：「兒子，冰箱裡有一塊肥肉，你把它拿來。」

　　兒子把肥肉拿來後，銀行家說：「再把肉放回去吧！」

　　兒子問：「這是什麼意思？」

　　銀行家答：「你看你的手指上，是不是有油啊？這就是銀行賺錢的方式。」

在這個故事中，銀行家兒子手上的油，指的就是銀行所賺取的利差或者是投資收益。

雖然因為法規、金融工具、營運架構和特殊會計等複雜因素，讓銀行股變成不易理解的產業，但由於各家銀行的運作模式類似，所以財報看起來都很像，因此容易進行快速分析——學會分析 1 家銀行，就等於會分析 100 家銀行。

分析其他產業時，我都是看「損益表」，因為這能看出一家公司在過去一段商業週期（通常是 1 年）的營運表現，最後只會花 1 分鐘看「資產負債表」。因為看資產負債表的時間很短，所以如果沒有特殊的項目引起我的注意（例如長期負債占整體資產超過 40%），就沒有必要再停留。

但當我在看銀行的財報時，我一定會看資產負債表，而且第一眼就看。因為如果要在 10 分鐘內快速分析一檔銀行股，只需聚焦在業務型態、獲利能力和風險這 3 個主要指標，而這些相關訊息很多都在資產負債表內。

指標 1》業務型態

在深入了解各家銀行的表現以前，必須先判斷銀行的「業務型態」，因為銀行的業務型態不同，其獲利能力和承受的風險也會不同，而只有將同類型的

表1　富國、五三銀行存款負債比均超過75%
——2016年高盛vs.富國銀行vs.五三銀行存款負債比

項目	高盛	富國銀行	五三銀行
平均總存款（百萬美元）	124,098	1,306,079	95,371
平均總負債（百萬美元）	773,272	1,730,534	125,669
存款負債比（％）	16.0	75.5	75.9

資料來源：高盛、富國銀行與五三銀行 2016 年財報

銀行相互比較才有意義。以高盛（Goldman Sachs，美股代號 GS）、富國銀行（Wells Fargo，美股代號 WFC）、五三銀行（Fifth Third Bank，美股代號 FITB）為例，我會用 3 項比率教你如何判別銀行的業務型態：

1.存款負債比

存款負債比可以看出銀行在負債端的業務型態，計算公式為「存款負債比＝平均總存款／平均總負債 ×100%」。該數值愈高，代表這家銀行的業務型態愈傳統。

2016 年的存款負債比，高盛為 16%、富國銀行為 75.5%、五三銀行為 75.9%，由此可知，富國銀行與五三銀行的業務型態比較傳統（詳見表 1）。

2.放款資產比

表2 **五三銀行放款資產比高達66%**
——2016年高盛vs.富國銀行vs.五三銀行放款資產比

項目	高盛	富國銀行	五三銀行
平均總放款（百萬美元）	49,672	967,604	94,320
平均總資產（百萬美元）	860,165	1,930,115	142,266
放款資產比（%）	5.8	50.1	66.3

資料來源：高盛、富國銀行與五三銀行 2016 年財報

放款資產比是用來衡量一家銀行的放款業務比率，計算公式為「放款資產比＝平均總放款／平均總資產 ×100%」。該數值愈高，代表這家銀行的業務愈傳統；而放款資產比愈低的話，其資產中的投資比率就會愈重。

2016 年的放款資產比，高盛為 5.8%、富國銀行為 50.1%、五三銀行為 66.3%，可知五三銀行的業務型態最傳統（詳見表 2）。

此外，也有人會用「放款存款比」來分析，但是因為有些銀行吸收的存款較少，使得放款存款比升高，因此較難體現一家銀行的業務型態。

3.淨利息收入比、非利息收入比

淨利息收入比與非利息收入比是用來衡量一家銀行的收入來源型態，計算公式分別為「淨利息收入比＝淨利息收入／總收入 ×100%」、「非利息收入比

＝非利息收入／總收入 ×100%」。

　　其中的「淨利息收入」指的是銀行在存款與放款之間所賺得的利差，「非利息收入」指的則是銀行除了利息收入以外的所有收入，包括辦理各項業務的手續費、違約金、管理費，或是投資銀行的相關造市服務費用。所有利息收入占總收入的比率愈重，該銀行業務型態就愈傳統。

　　2016 年的淨利息收入比、非利息收入比，高盛為 8.5%、91.5%，富國銀行為 54.1%、45.9%，五三銀行為 57.4%、42.6%，可知富國銀行與五三銀行的業務型態比較傳統（詳見表 3）。

　　這 3 項比率的高低，並不代表一家銀行的好壞，只是能看出這家銀行的主要業務為何。了解一家銀行的主要業務，有助於投資人判斷風險的來源，例如當房地產不景氣時，以房貸放款為主業的銀行就會受到比較大的影響。有心做研究的人，可以找出這些數字的市場中位數作為參考，或是將同類型的銀行相互做比較。

指標 2》獲利能力

　　前文提及，不同類型的銀行會展現出不同的獲利能力，因此在觀察獲利能

| 表3 | **高盛淨利息收入比僅8.5%，業務型態偏非傳統** |

——2016年高盛vs.富國銀行vs.五三銀行淨利息收入比、非利息收入比

項目	高盛	富國銀行	五三銀行
淨利息收入（百萬美元）	2,587	47,754	3,640
非利息收入（百萬美元）	28,021	40,513	2,696
總收入（百萬美元）	30,608	88,267	6,336
淨利息收入比（％）	8.5	54.1	57.4
非利息收入比（％）	91.5	45.9	42.6

資料來源：高盛、富國銀行與五三銀行 2016 年財報

力時，必須拿同類型的銀行相互比較才有意義。以用房貸和企業放款為主要業務的富國銀行與以信用卡信貸為主的美國運通（American Express，美股代號AXP）為例，可以比較出不同業務型態的銀行反映在財報上的不同表現。

1.淨利差率

淨利差率是用來衡量一家銀行的獲利能力，計算公式為「淨利差率＝（利息收入－利息支出）／平均生息資產 ×100%」，其中「平均生息資產」包括貸款和投資部位中的生息資產。淨利差率愈高，代表獲利能力愈強。

目前美國傳統銀行的狀況，淨利差率 3% 以下就是獲利能力不太好，4% 以上就是不錯，但也會因各國的利率環境而有所不同，想更深入研究的人，可以

表4	信貸利差大，美國運通2016年ROE達26%

表4 信貸利差大，美國運通2016年ROE達26%
——2016年美國運通vs.富國銀行ROE

項目	美國運通	富國銀行
ROE（%）	26.0	11.5

資料來源：美國運通、富國銀行 2016 年財報

用整體銀行界的中位數作為參考。

2016 年的淨利差率，美國運通達 8.8%，而富國銀行只有 2.9%，代表後者每筆放款的獲利能力較差。但富國銀行以房貸和企業放款為主力，每筆放貸的金額較大，從規模上取勝，這些差異就來自於各銀行不同的核心競爭力。

2.股東權益報酬率（或稱淨資產收益率，ROE）

ROE 可以讓我們看出銀行將股東的資本轉換成收益的能力，計算公式為「ROE ＝淨利／平均淨值 ×100%」。

一般而言，傳統銀行的 ROE 介於 10% ～ 15% 就是不錯的表現，但以信用卡信貸等為主要業務的銀行因為利差較大，ROE 要在 20% 左右才算表現不錯。

美國運通銀行 2016 年的 ROE 達 26%，而富國銀行只有 11.5%，代表獲利

表5　**不同時空下，富國銀行的ROE表現差異大**
——1989、2016年富國銀行財務數據

項目	1989年	2016年
ROE（%）	21.9	11.5
淨利差率（%）	5.1	2.9
總資產與淨值比（倍）	14.4	9.6

資料來源：富國銀行 1989 年、2016 年財報

能力較弱（詳見表 4）。

　　傳統銀行的 ROE，有淨利差和槓桿這 2 個最主要影響因素。要注意的是，就算是同一家銀行，在不同時代也會有不同表現，以富國銀行為例，其在 1989 年的 ROE 高達 21.9%，比 2016 年（11.5%）高出許多，就是因為當年的利率環境提供較高的利差，且當時也容許較高的槓桿（詳見表 5）。

　　此外，如果你對「管理階層對整體資產的利用效能」有興趣，也可以多看個「總資產收益率」作為輔助。

3.效率比（Efficiency Ratio）

　　效率比是用來觀察公司的營運效率，其計算方式有好幾種，但我採用富國銀行在財報上使用的計算公式「效率比＝非利息費用／總營收 ×100%」。其中

「非利息費用」包括薪水、租金等所有行政所需的費用，因此效率比愈低，表示銀行愈有效率。

　　一般而言，若是效率比在 50% 以下就是營運效率非常好，大於 70% 就是非常不好。這很容易理解，若銀行的 70% 收入都拿去支付行政費用，獲利就會變少，銀行等於是過路財神。以富國銀行為例，2016 年的非利息費用為 523 億 7,700 萬美元，總收入為 882 億 6,700 萬美元，效率比為 59.3%。

　　若想再深入研究，可以找出所有銀行的中位數，或將同一銀行做前後期的比較，這樣才能看出變化。

　　淨利差率、ROE、效率比這 3 項比率，可以使我們看出一家銀行的獲利能力，雖然獲利能力會因為銀行的業務型態不同而有所差異，但是基本上，只要淨利差率在 4% 以上、ROE 在 10% 以上和效率比在 50% 以內，都算是不錯的投資標的。

指標 3》風險

　　除了判斷銀行的業務型態、獲利能力之外，投資人還要特別留意銀行的「風險」。風險是銀行用來提高獲利能力所背負的潛在代價，是銀行最神祕、最難

懂的區塊，這其中包括了許多法規、風險模型和一堆深奧的術語，外人很難一窺全貌。

　　曾經有一位從業超過 40 年的銀行資深風險控管高階主管告訴我：「風險就是連我都無法預料的東西，否則我就不會讓它發生了。」因此，看待風險時應以保守為佳，因為風險就是可能會發生的損失，只是不知道什麼時候發生。

　　話雖如此，我們還是可以從 3 個重要比率看出一些端倪：

1.逾期放款比率（壞帳率）

　　逾期放款比率是用來評估銀行的授信核貸能力，計算公式為「逾期放款比率＝逾期放款／總放款 ×100%」。其中「逾期放款」通常認定為超過 90 天未正常繳息的放款。

　　若是逾期放款比率超過 2% 以上，就代表放款品質堪慮。然而，在進行投資實務時要留意，當逾期放款比率很低時，反而可能是銀行風險最高的時候。除非銀行不放款，否則此時逾期放款的金額只會往上，不可能再往下。

　　銀行在逾期放款比率最低時，通常會進行一些風險高、利差大的放款，多進行幾次，逾期放款的比率就上升了；反之，逾期放款比率高時，銀行會緊縮授

表6　自2010年以來，富國銀行逾期放款比率持續下降

——2009～2016年富國銀行逾期放款比率

項目	2009	2010	2011	2012	2013	2014	2015	2016
逾期放款 （百萬美元）	27,639	32,371	25,965	24,509	19,605	15,457	12,807	11,362
總放款 （百萬美元）	782,770	757,267	769,631	799,574	825,799	862,551	916,559	967,604
逾期放款比率 （％）	3.53	4.27	3.37	3.07	2.37	1.79	1.40	1.17

資料來源：富國銀行 2009 ～ 2016 年財報

信，只進行低風險的放款，多進行幾次後，分母變大，逾期放款的比率就下降了。而若是逾期放款比率超過 2%，就代表該銀行貸款品質堪慮。

以富國銀行為例，2008 年金融海嘯後，2009、2010 年的逾期放款比率分別為 3.53%、4.27%，雖然前文說該比率超過 2% 代表放款品質堪慮，但因為這項指標容易受到經濟環境影響，因此必須和當時其他銀行的逾期放款比率比較，才能確認放款品質是否表現不佳。

以當時的各家銀行數據來看，有許多銀行的逾期放款比率都超過 5%，相對之下富國銀行的風險並不大；此後，富國銀行也致力於降低逾期放款比率，2016 年該比率僅剩 1.17%，是相當不錯的成績（詳見表 6）。

2016年，富國銀行的備抵呆帳覆蓋率已逾100%
——2009～2016年富國銀行備抵呆帳覆蓋率

項目	2009	2010	2011	2012	2013	2014	2015	2016
備抵呆帳 （百萬美元）	24,516	23,022	19,372	17,060	14,502	12,319	11,545	11,419
逾期放款 （百萬美元）	27,639	32,371	25,965	24,509	19,605	15,457	12,807	11,362
備抵呆帳 覆蓋率（%）	88.70	71.12	74.61	69.61	73.97	79.70	90.15	100.50

資料來源：富國銀行 2009～2016 年財報

2.備抵呆帳覆蓋率

銀行並非收得回所有的放款，但這些損失不能從存戶的存款中拿，所以必須從每年的收入中撥出一部分「提存準備」來抵銷這些預期的可能損失，也就是「備抵呆帳」，而「備抵呆帳覆蓋率」就是用來計算銀行放款損失的彌補能力，計算公式為「備抵呆帳覆蓋率＝備抵呆帳／逾期放款 ×100%」。

備抵呆帳覆蓋率如果太低，表示銀行對逾期放款損失的彌補能力差，未來就必須提撥更多，會影響未來的獲利，但我也不認為該數值愈高愈好，因為備抵呆帳太多，銀行的淨收益就下降了，會因此扭曲銀行真正的獲利能力，這個數值通常只要超過 100% 就足夠了。以富國銀行為例，我們可以看到其備抵呆帳覆蓋率從 2009 年的 88.7%，慢慢改善至 2016 年的 100.5%（詳見表 7）。

3.總資產與淨值比

總資產與淨值比是用來衡量銀行的營運風險，又稱為「槓桿比率」，計算公式為「總資產與淨值比＝總資產／淨值 ×100%」。

一家銀行如果只靠股東出資的淨資產（即股東權益）做生意肯定賠錢。以2016 年的富國銀行為例，淨利差率為 2.9%，扣掉薪資等行政費用，並加上放款損失淨額（net charge off）後，獲利恐怕比美國公債收益率還低，如此一來，還會有人想要投資銀行嗎？相信應該是沒有，因此我們可以推測，銀行全都是槓桿事業。

前文我們已經知道了槓桿對獲利能力（ROE）的影響，在 1980 ～ 1990 年代，因為法規較寬鬆，槓桿 20 倍是稀鬆平常的事。20 倍的槓桿，意味著銀行資產（包括貸款和投資部位）只要產生 5% 的損失，淨資產就會全部賠光，接下來就會危及存戶的存款。2008 年雷曼兄弟（Lehman Brothers）破產時，其槓桿就高達 33 倍。

以目前的環境來看，總資產與淨值比可用 10 倍為標竿，低於 10 倍就能比較安心，高於 10 倍就必須多加注意，此數值愈高，投資人愈應擔憂。

富國銀行 2016 年的總資產是 1 兆 9,301 億 1,500 萬美元，股東權益是

2,004 億 9,700 萬美元，總資產與淨值比是 9.6 倍，代表富國銀行並未過度利用槓桿。

　　總括來說，我們分析銀行主要的目的，在於了解一家銀行的主要業務、獲利能力與支撐獲利能力所冒的風險，這 3 大指標的 9 種觀察比率組合在一起之後，可以讓銀行形象變得鮮活起來。每家銀行都會說自己的資產品質優良、經營效率極佳，但事實是否如此？我們可以自己用數字去檢驗。這樣子的分析框架，有助於讓我們在極度複雜的銀行財報中，不至於失去方向。

4-4

撰寫財務筆記 建立扎實能力圈

看完 4-1 ～ 4-3 之後，相信大家對於如何快速看懂美股財報都已經有了一定程度的了解。

其實我認為看美國公司財報是一件很有趣的事，它讓我發現許多特別的經營模式，例如 Rollins（美股代號 ROL）專門殺白蟻；凱西連鎖雜貨店（Casey's General Stores，美股代號 CASY）也很有趣，專門在偏僻的地方開加油站和便利商店；指南針礦業（Compass Mineral，美股代號 CMP）靠賣鹽巴也能成為一方之霸⋯⋯。

當你看多了好公司，自然而然對拐瓜劣棗的公司就看不上眼，也不會再跟別人要「伸手牌」。

為了讓各位讀者更熟悉美股財報，我再舉幾個曾寫過的財務筆記為例。

案例 1》Cintas（美股代號 CTAS）

◎美國最大的制服出租公司

財務筆記（2015 年 5 月 27 日）

巴菲特説過一個故事：有一個年輕人遠行，旅行期間父親不幸過世，他因故不能返鄉處理，只好請姊姊代為處理，並承諾將支付她喪葬費用。

年輕人返鄉後，收到一份喪葬費用帳單，就把帳單處理了，但第 2 個月、第 3 個月後，他仍一直收到喪葬費用帳單，他終於受不了了，打電話問姊姊為什麼會這樣？結果姊姊回答：「我忘了告訴你，父親下葬時所穿的衣服是用租的。」

Cintas 經營的就是這樣的生意，只是它出租的衣服是給活人穿的。

Cintas 設有 4 大部門：出租制服及職場輔品、賣制服、急救箱及安全防火服務、文件處理服務（幫忙公司碎紙）。根據 2014 年 10-K 中的資料，出租制服及職場輔品的營收為 32 億 2,000 萬美元，占當年營收 45 億 5,000 萬美元的 70.8%。

我第 1 次看到這數字時嚇了一跳，心想：出租制服的生意還真大！因為難以

置信，所以我把這家公司的 10-K 左翻右看，想要找出有沒有其他生意。結果翻了半天，天啊！這家公司真的只靠出租制服，就做出了將近新台幣千億元的營收。

Cintas 是一家 B2B（註 1）的服務公司，服務對象超過 100 萬家公司與店家，遍及北美、拉丁美洲、歐洲、亞洲，營業項目主要為出租制服，除此之外，它還出租或銷售餐廳用的毛巾、拖把、營業場所內的廁所用品、職場用急救箱、門口寫著「Welcome」或印有公司名字的地毯、碎紙服務等。

因為業務高度分散，結果沒有任何客戶業務占 Cintas 年度營收的 1% 以上，也就是說，任何一個客戶倒閉了，也不會危及 Cintas 的財務。Cintas 成立於 1968 年，至 2015 年時，在北美根本沒有任何規模相近的直接競爭對手。

此外，Cintas 的出租生意模式對客戶相當有吸引力，假設一套制服售價 300 美元，公司用租賃的模式，每年只需支付 105 美元左右，大幅降低客戶立即的現金支出壓力；而對 Cintas 而言，營收也會變得比較穩定。

根據 2014 年財報，Cintas 的制服等出租生意占了全公司營收 70% 以上，

註 1：即 Buiness to Business，指的是企業對企業的商業模式。

毛利率過去 3 年（2012 ～ 2014 年）都維持在 42% ～ 43% 左右。除了出租業務，Cintas 也有做賣斷的生意，毛利率約在 28% ～ 29%，中間利潤的差異早就足夠支付利息了。

　　參考過去 5 年（2010 ～ 2014 年）財務數據，Cintas 這幾年營收（revenue）的年複合成長率為 6.4%，淨利（net income）年複合成長率為 14.8%，稀釋後每股盈餘（diluted EPS）成長率則超過 21%。雖然財報上還有列出基本每股盈餘（basic EPS），但基本每股盈餘還有一些給公司員工股票選擇權所造成的稀釋情況未考慮進去，所以我通常只看稀釋後每股盈餘，因為這才是真正屬於股東的盈餘。

　　另外，股利（dividend per share）也從 2010 年的 0.48 美元成長至 2014 年的 0.77 美元，年複合成長率為 12.5%；平均股東權益報酬率（Return on Average Equity，簡稱 ROAE）也從 2010 年的 8.8% 提升至 2014 年的 17%（詳見表 1）。看到這樣的生意規模，很難想像 Cintas 創辦人的家族，當年是經營洗衣店起家的。

案例 2》波音（The Boeing Company，美股代號 BA）

◎用別人的資本做生意的軍火商

財務筆記（2015年7月20日）

波音是大家耳熟能詳的公司，生產許多7系列的商用飛機，如波音737、波音747、波音777、波音787等，除此之外，也生產F-15、F-18等戰鬥機。2015年，營業收入約908億美元，其中商用飛機占約600億美元，國防工業部門占約309億美元，而負責融資的波音資本占約4億美元。

也許有人會覺得奇怪，為什麼各部門認列的營收會高於整體營收？這是因為波音有公司內部（intercompany）交易，所以財報中會有一個未分配的專案、沖銷及其他（unallocated items, eliminations and others），這部分會把超出或無法分類的營收做一個差異項。

若把波音國防工業部門的營收與另一家生產F-35戰鬥機的洛克希德‧馬丁（Lockheed Martin，美股代號LMT）2015年的營業收入約405億美元相比，波音算是全球第2大的軍火商。

一講到軍火商，很容易讓人聯想到「暴利」，但看了這兩家公司的財報後，發現好像並非如此。2015年波音的毛利率約15.4%，而洛克希德‧馬丁只有11.1%，沒有想像中那麼高。

像軍火業這種高度資本密集的工業，我猜想應該有很多負債，使用高槓桿來

表1 **2010～2014年，Cintas營運表現蒸蒸日上**
——2010～2014年Cintas財務數據

項目	2010	2011	2012	2013	2014	複合年增長（2010～2014年）
營收（千美元）	3,547,339	3,810,384	4,102,000	4,316,471	4,551,812	6.4%
淨利（千美元）	215,620	246,989	297,637	315,442	374,442	14.8%
基本每股盈餘（美元）	1.40	1.68	2.27	2.53	3.08	21.8%
稀釋後每股盈餘（美元）	1.40	1.68	2.27	2.52	3.05	21.5%
每股股利（美元）	0.48	0.49	0.54	0.64	0.77	12.5%
資產總額（千美元）	3,969,736	4,351,940	4,165,706	4,345,632	4,462,452	3.0%
股東權益（千美元）	2,534,029	2,302,649	2,139,135	2,201,492	2,192,858	-3.6%
平均股東權益報酬率（％）	8.8	10.2	13.4	14.5	17.0	
長期負債（千美元）	785,444	1,284,790	1,059,166	1,300,979	1,300,477	

註：財務年度截至5月31日　　資料來源：Cintas 2014年年報

提高獲利能力，但波音的長期負債約 90 億美元，其股東權益才 87 億美元左右，但整體資產卻有 992 億美元，這樣的資產負債表等於告訴我們，波音可以先跟客戶收錢，又可以延後付款給廠商。

用別人的資本做自己的生意，頓時感到波音真是一家非常有話語權的公司。看了好幾家的軍火商財報，這樣的本事並不是每家公司都有。

一般而言，我不太會去看公司的資產負債表，但波音的資產負債表還滿有趣的，值得看看。

航太軍火業是非常競爭的產業，為了保持競爭力，波音每年投資的研發經費約 30 億美元，占營收 3.3%。2014 年年底的未來訂單金額為 4,871 億美元，以 2014 年全年的營收計算，波音已經接到未來 5 年的訂單了。飛機在國際市場上都是以美元計價，所以最近美元升值也讓波音感到有點吃力。

從 2010 ～ 2014 年，營收從 643 億美元成長 41.1% 至 907 億 6,000 萬美元，因為軍火生意幾乎沒有成長，所以成長都來自商用飛機，5 年淨利成長 88.7%。從 33 億 1,000 萬美元成長 64.7% 至 54 億 5,000 萬美元，EPS 從 4.46 美元至 7.38 美元、成長了 65.5%，股利從 1.68 美元成長 84.5%、至 3.1 美元，ROE 在 2014 年為 46.2%。

案例 3》Visa（美股代號 V）

◎電子支付的王者

財務筆記（2015 年 12 月 29 日）

在深入 Visa 的財報之前，先了解一下電子支付／信用卡產業，才不會誤解 Visa 在其中所扮演的角色。

在研究整個信用卡產業時，必須先了解 2 個重要的角色：1. 發卡行（issuer），就是發給消費者信用額度的銀行；2. 收單行（acquirer），就是將刷卡機裝在商店的銀行。一發一收，消費者的信用額度，從抽象變成實際的購買力，而其中的虛擬金流，就要經過 Visa 所建立的網路。Visa 並不借錢給消費者、不承擔信用風險，是科技服務業而非金融業（詳見圖 1）。

而 Visa 提供 3 種型態的支付方式：1. 先付費後享受的預付卡（prepaid card）；2. 享受即付款的簽帳金融卡（debit card）；3. 先享受後付款的信用卡（credit card）。

了解 Visa 的運作方式之後，先來觀察 Visa 和競爭者之間的關係。

從財報中可以看出，Visa 的付款金額（註 2）為 4 兆 7,000 億美元，比所

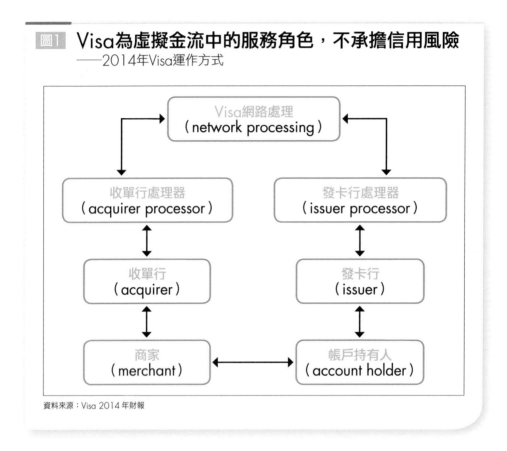

圖1　Visa為虛擬金流中的服務角色，不承擔信用風險
　　——2014年Visa運作方式

資料來源：Visa 2014 年財報

有競爭對手合計的 4 兆 6,000 億美元還多；Visa 的總付款金額（註 3）約 7 兆 4,000 億美元，比所有競爭對手合計的 5 兆 9,000 億美元還多；Visa 的交易筆數（total transactions）有 984 億筆，比所有競爭對手合計的 716 億筆還多；Visa 的卡片數量（cards）有 24 億張，也比所有競爭對手合計的 17 億張

表2 **無論付款金額或交易筆數，Visa均大勝同業競爭者**
──2015年Visa vs.主要競爭者財務數據

公司	付款金額 （億美元）	總付款金額 （億美元）	交易筆數 （億筆）	卡片數量 （億張）
Visa	47,610	73,600	984	24.02
萬事達（Mastercard）	32,810	44,990	601	14.37
美國運通（American Express）	10,110	10,230	67	1.12
JCB	1,950	2,020	24	0.88
發現卡（Discover）／ 大來卡（Diners Club）	1,530	1,640	24	0.57

註：上述數據不含中國銀聯卡（China UnionPay）　資料來源：Visa 2015 年年報

還多（詳見表 2）。

　　不論是付款金額、總付款金額、交易筆數或卡片數量，Visa 都遠遠勝過其他競爭對手，這是很棒的市場占有率；更棒的是，這些數字都是還沒加上最近預計要併入的 Visa Europe（註 4）。

　　接下來，進入 Visa 的損益表和現金流量表。

註 2：付款金額（payment volume），指消費者用 Visa 品牌卡片付費的金額。
註 3：總付款金額（total volume），指付款金額加上用 Visa 的網路轉帳金額。
註 4：Visa 和 Visa Europe 自 2015 年開始談論要合併，但直到 2016 年才完成合併。

　　我們從 2015 年的 Visa 損益表中，可以看出 Visa 的整體營業收入（operating revenues）為 138 億 8,000 萬美元，較前一年成長 9.27%，5 年年複合成長率為 8.6%；歸屬於 Visa 的淨利（net income attributable to Visa Inc.）約 63 億 2,800 萬美元，較前一年成長 16.4%，5 年年複合成長率為 11.63%；稀釋後每股盈餘（diluted earnings per share）為 2.58 美元，較前一年成長 19%，5 年年複合成長率為 14.87%（詳見表 3）。

　　而除了 2012 年認列一筆 44 億美元的法律費用之外，Visa 的 5 年淨利也不斷成長；此外，Visa 的稀釋後每股盈餘 5 年年複合成長率成長（14.87%）比營業利益（11.63%）快，而營業利益成長又比整體營業收入（8.6%）快，代表這家公司並非是靠燒費用來刺激營收成長。

　　Visa 的整體營業收入來源主要可分為 3 種：

　　1. 服務收入（service revenues）：當消費者使用 Visa 卡消費時，Visa 根據「金額」向銀行收取一定比率的服務費用。

　　2. 資料處理收入（data processing revenues）：當金流產生之後，收單行和發卡行之間的授權、清算、交割，Visa 會向銀行以「筆數」收取資料處理費用。

表3 2015年，Visa營業收入近139億美元
——2011～2015年Visa損益表

項目	2011	2012	2013	2014	2015
營業收入（百萬美元）	9,188	10,421	11,778	12,702	**13,880**
營業費用（百萬美元）	3,732	8,282	4,539	5,005	4,816
營業利益（百萬美元）	5,456	2,139	7,239	7,697	9,064
歸屬於Visa的淨利（百萬美元）	3,650	2,144	4,980	5,438	6,328
基本每股盈餘（A級普通股）（美元）	1.29	0.79	1.90	2.16	2.58
稀釋後每股盈餘（A級普通股）（美元）	1.29	0.79	1.90	2.16	2.58

註：財務年度截至 9 月 30 日　　資料來源：Visa 2015 年年報

3. 國際交易收入（international transaction revenues）：當消費者到發卡行所屬地之外的國家消費，Visa 會根據交易金額收取一定比率費用。例如消費者在國外刷卡消費，台灣的銀行會收取手續費 1.5%，其中 1% 是 Visa 收取的；此外，Visa 還可以賺取交易之間的買賣匯價差。

根據上述的整體營收來源，可以得到一個結論：當全世界消費者用卡的消費金額、筆數、跨境（cross-border）海外交易愈多，Visa 的營收就愈高。對營收來源有基本的了解後，才能理解下面要談的數字可能會為 Visa 帶來什麼影響。

財 報 原 文：Client incentives consist of long-term contracts with financial institution clients and other business partners for various programs designed to build payments volume, increase Visa-branded card and product acceptance and win merchant routing transactions over our network. These incentives are primarily accounted for as reductions to operating revenues.

→從這段財報內容可以看出，「客戶激勵」（client incentives）指的是銀行經銷 Visa 產品所付的激勵獎金，目的是為獎勵銀行發行 Visa 的信用卡、創造消費者消費金額與筆數，這是維持營運長期、必要的支出。當生意愈好或市場愈競爭時，這項支出也會跟著變多；此外，客戶激勵也會造成 Visa 營收的減少。

因此，在計算其營業收入時，必須將服務收入、資料處理收入和國際交易收入加總後，再減去客戶激勵。

從財報的不同段落（segment）來看，2015 年貢獻 Visa 整體營收年成長率最高的是國際交易收入，較前一年成長 14%；值得注意的還有客戶激勵的年成長率，2015、2014 年分別為 10%、12%（此處可視為費用增加，故以正數表達），但整體營收的年成長率為 9%、8%，可見 Visa 花了更多錢綁住合作夥伴（詳見表 4）。

例如，Visa 今年（2015 年）從萬事達卡（Mastercard，美股代號 MA）手中搶到聯合服務汽車協會（United Services Automobile Association，簡稱 USAA）的簽帳金融卡和信用卡生意，並從美國運通（American Express，美

表4　Visa客戶激勵獎金支出逐年增加
——2013～2015年Visa整體營業收入組成

項目	2013	2014	2014年較2013年增減	2015	2015年較2014年增減
服務收入（百萬美元）	5,352	5,797	8%	6,302	9%
數據處理收入（百萬美元）	4,642	5,167	11%	5,552	7%
國際交易收入（百萬美元）	3,389	3,560	5%	4,064	14%
其他收入（百萬美元）	716	770	7%	823	7%
客戶激勵（百萬美元）	-2,321	-2,592	12%	-2,861	10%
營業收入總額（百萬美元）	11,778	12,702	8%	13,880	9%

註：財務年度截至 9 月 30 日　　資料來源：Visa 2015 年年報

股代號 AXP）手中搶到好市多（Costco，美股代號 COST）的生意，終結了美國運通與好市多 16 年的合作關係……，這些生意都是花大錢搶來的，相信 Visa 在「客戶激勵」這項支出上，未來還會更高一些。不過，我覺得這兩筆交易，很可能像萬事達卡執行長彭安傑（Ajay Bang）所說的：「沒有經濟上的意義。」（Make no economic sense.）

接著觀察 Visa 的營業費用。與 2014 年相比，Visa 整體營業費用（total operating expenses）減少 1 億 8,900 萬美元（年成長率為 -4%），主要來自於法律費用提存減少；人員（personnel）的部分卻增加 2 億美元（年成長率為 11%），主要是因為增加科技人員上的投資與員工獎勵金，部分可能因為股價

漲了不少,增加了股份基礎(share-based)的獎勵金費用。

其中折舊和攤銷費用(depreciation and amortization)年成長率為 14%,可能是公司怕錢賺太多,為了平穩獲利,多提了一些系統基礎設備折舊,可以接受。若以 2015 年的資本支出約 4 億多美元來看,1 年 4 億 9,400 萬美元的折舊費用,差不多就是為維持公司競爭力的必要支出(詳見表 5)。

最後來看現金流量表。我不常看現金流量表,因為我覺得並不能從中看出公司的營運狀況,只要知道公司獲利、折舊和攤銷費用與資本支出,心中大概就有數了。

但為了讓讀者對這 3 大表(損益表、資產負債表和現金流量表)有完整的了解,所以我還是提一下現金流量表。

財報原文:Absent the above impacts, cash provided by operating activities increased in fiscal 2015, 2014 and 2013 to approximately $6.9 billion, $6.5 billion, and $5.9 billion respectively, reflecting growth in total operating revenues in all three years.

➜ Visa 有一些因為稅務、法律上對現金流量(cash flow)產生重大影響的項目,若扣除這些,2015 年、2014 年和 2013 年的營業活動分別產生出

表5 Visa在2015年折舊和攤銷費用年成長率達14%
——2013～2015年Visa整體營業費用組成

項目	2013	2014	2014年較2013年增減	2015	2015年較2014年增減
人員（百萬美元）	1,932	1,875	-3%	2,079	11%
行銷（百萬美元）	876	900	3%	872	-3%
網路和處理（百萬美元）	468	507	8%	474	-7%
專業人員費用（百萬美元）	412	328	-20%	336	2%
折舊和攤銷（百萬美元）	397	435	10%	494	14%
一般和行政（百萬美元）	451	507	12%	547	8%
訴訟提撥（即打官司的準備金）（百萬美元）	3	453	無意義	14	-97%
營業費用總額（百萬美元）	4,539	5,005	10%	4,816	-4%

註：1. 財務年度截至 9 月 30 日；2. 年增減比率是採四捨五入前的數字計算　　資料來源：Visa 2015 年年報

69 億美元、65 億美元和 59 億美元的現金。

不過，現金用到哪裡去？

財報原文：During fiscal 2015, we repurchased 44 million shares of our class A common stock in the open market using **$2.9 billion** of cash on hand.

During fiscal 2015, we paid **$1.2 billion** in dividends.

➡從這兩段話可以看出，股票回購和現金股利一共花掉了 41 億美元（＝ 29 億美元＋ 12 億美元）。若用淨利（Net income attributable to Vis Inc.） 63 億 2,800 萬美元來看，賺來的錢約有 65%（＝ 41 億美元／ 63 億 2,800 萬美元 ×100%）都回饋給股東了。

除了損益表和現金流量表，Visa 還有幾個數據值得注意，如 Visa 流通在外股數從 2008 年的 30 億 8,000 萬股，2015 年減少至 24 億 5,700 萬股，下降 20%，年減率約 3.18%（詳見圖 2）。這是相當不錯的數字，因為長期持有股票的股東如果沒有賣出股票，從 2008 ～ 2015 年就算沒有再花錢買股票，對公司的股票持份也等於增加了 20%。

此外，就管理效率（management efficiency）而言，Visa 的股東權益報酬率 （ROE）從 2009 年的 8% 提升至 2015 年的 21.2%，由於 Visa 過去幾乎是零負債的狀況，所以是無槓桿下的股東權益報酬率。

看新聞追標的，當心讓自己處於「犯錯機會極大的險地」

前文的 3 個財務筆記，或許會讓各位誤會我對美國十分了解，事實上，我只有在 2015 年因為要參加波克夏海瑟威（Berkshire Hathaway，美股代號 BRK.

圖2 Visa流通在外股數逐年減少，年減率約3.18%

——2008～2015年Visa流通在外股數

單位：億股

Visa 流通在外股數從 2008 年的 30 億 8,000 萬股，2015 年減少至 24 億 5,700 萬股，年減率約 3.18%

資料來源：Rocket Financial

A）的股東會，而去了一趟美國奧馬哈（Omaha），待了短暫的 4 天，在這之前從未踏上美國土地。

而我的英文也是那種結結巴巴的水準，但這完全不影響我閱讀財報的能力，不管是單一公司或整個產業，只要能專注於關鍵字、關鍵數字和經營模式，照樣能在一杯咖啡的時間內弄懂一家公司，並且深植腦海（詳見 4-2）。

如果在一杯咖啡的時間內，你無法看懂這家公司，那表示這家公司太難，就算將財報全部翻譯成中文你也看不懂，但是千萬別沮喪，因為這是很普遍的現象。就連美國相當出名的投資網站「彩衣傻瓜」（The Motley Fool）也有一樣的問題。

　　2012 年，該網站總編輯罕見地禁止專欄作家撰寫生技或製藥公司的評論，他在信中寫道：「我們要求各位不要寫生技或製藥公司的評論，除非你是真正有相關工作背景的專家，並希望大家，身為投資人也是作家，要在能力範圍內選股或評論。我們通常不會告訴各位該寫什麼、不該寫什麼，但我們不希望讓各位處於一個犯錯機會極大的險地。」

　　跟「彩衣傻瓜」的總編輯一樣，我也不會去建議別人該買什麼、不該買什麼，但也不希望各位將自己處於一個犯錯機會極大的險地。學習投資最怕的，就是「講的人假裝懂，聽的人假裝聽懂」。很諷刺的是，不管是新藥、雲端、人工智慧（AI）、大數據、區塊鏈……，這種情節每天都在上演。

　　投資不是游牧，今天追電動車、明天追人工智慧、後天追區塊鏈，這種看新聞追逐投資標的的方法，等你抵達了，那裡肯定也沒有草、沒有水了；而且你每次都從頭來過，對產業的了解無法累積，如何能建立扎實的能力圈？

　　幸好，投資不是考試，大可放棄市場上 99% 的股票，只專注於自己懂的 1%，一樣會有很好的成績。若此生因為只投資 1 檔股票而致富，我一點也不會感到羞愧。

4-5

活用免費網站
系統性研究美股點線面

　　知道如何看懂美國公司財報之後，接下來談談如何從「個股」進入到整個「產業」。這個方法可以比較有效率地幫助我們從 1 家公司進而延伸到相似產業，變成了解 5 ～ 10 家公司，然後透過不同產業實現倍數增加，迅速累積對美國公司了解的數量。以單點突破，產業延伸成線，到由不同產業線所構成的面，這樣的方法比較有系統性，且不易有所遺漏。

　　切入美國公司最好從標準普爾 500 指數（S&P 500）開始，這裡包括了美股市值最大的前 500 家公司，我們可以大膽地界定所謂的「美股全面」就是這些公司。

　　但 500 家實在太多，所以我們可以先從道瓊工業平均指數（Dow Jones Industrial Average，簡稱 DJIA）30 家公司出發，從裡面找「點」——記住，道瓊工業平均指數裡面的公司，全部都包含在 S&P 500 中，所以了解道瓊工

業平均指數成分股,就是了解部分的 S&P 500。大家可以先從自己熟悉的產業開始。舉例來說,有工業背景的投資人可以從工業這一塊找起;如果沒有任何特殊產業背景的人,則可以從單純的公司開始(如餐飲業)。以下就來介紹我是如何尋找合適的產業:

用免費網站找產業、個股
—以Finviz為例

STEP 1

進入Finviz的首頁(finviz.com)後,點選上方欄目的❶「Screener」(篩選器)。

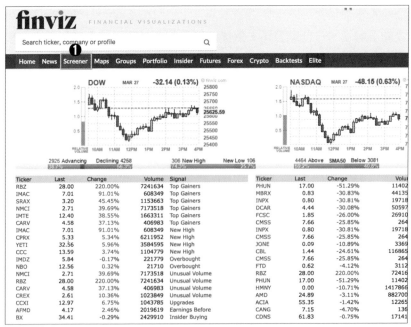

接著，在「Index」（指數）的下拉選單中，選擇❶「DJIA」（道瓊工業平均指數）後，系統會自動跳轉畫面。從❷「Sector」（大分類）中可以看出，30家公司共分成「Basic Materials」（基礎原料）、「Consumer Goods」（消費品）、「Financial」（財金）、「Healthcare」（保健）、「Industrial Goods」（工業用品）、「Services」（服務）與「Technology」（科技）7大類。

其中，「基礎原料」、「財金」、「保健」、「工業用品」與「科技」這5大類，沒有相關背景的人是很難了解這些公司的；而「消費品」看似簡單，但其實也不是那麼容易，例如可口可樂（Coca-Cola，美股代號KO）、蘋果（Apple，美股代號AAPL）和耐吉（Nike，美股代號NKE），這3家公司都屬於「消費品」，但幾乎沒有同質性可言，因此很難從一家公司去延伸到整個產業。

相對之下，「服務」就變成比較好的破口，這一分類中，有零售業沃爾瑪（Walmart，美股代號WMT）、家具建材零售商家得寶（The Home Depot，美股代號HD）、連鎖餐飲業麥當勞（McDonald's，美股代號MCD）、媒體娛樂業華特迪士尼（Disney，美股代號DIS）等。以個人經驗而言，我認為美國公司中連鎖餐飲業的商業模型同質性最高（都是開店賣吃的），所以我建議不妨從餐飲業開始。

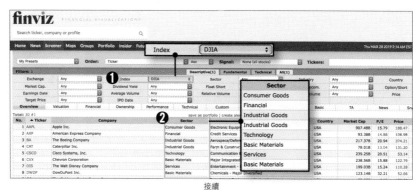

接續
下頁

STEP 3

找到「點（連鎖餐飲業）」之後，可以再次利用Finviz。在「Index」（指數）的下拉選單中，選擇❶「S&P 500」，在「Industry」（產業）的下拉選單中，選擇❷「Restaurants」（餐廳）後，系統會自動跳轉畫面。

篩選過後，一共找到4家公司，分別為奇波雷墨西哥燒烤（Chipotle Mexican Grill，美股代號CMG）、達登飯店（Darden Restaurants，美股代號DRI）、麥當勞和百勝餐飲集團（Yum! Brands，美股代號YUM）。

STEP 4

接著，在「Industry」（產業）的下拉選單中，再選擇❶「Specialty Eateries」（特色餐廳），就可以找到星巴克（Starbucks，美股代號SBUX）。找到所有的餐飲業公司之後，你就可以利用4-2的方式，針對這5家的財報進行閱讀了。

資料來源：Finviz

每天追蹤公司最新發展，磨練分析敏感度

當你已經透過財報了解一家公司之後，還可以利用網站「尋找阿爾法」（Seeking Alpha，seekingalpha.com）來追蹤該公司的最新發展。

在使用「尋找阿爾法」前，必須先建立免費帳號，然後就可以在「Portfolio」（投資組合）中輸入想追蹤的公司股號並設定「Alert」（提醒）。如此一來，未來跟這些公司相關的訊息或分析，都會寄到你的電子信箱。

閱讀時，只要閱讀文章的摘要即可。透過不同的分析師（或自稱分析師的人）所關心的事物，你可以找到某些共同點，而這些共同點可能就是該產業最重要的特質。多看幾次後，你就會發現有很多名詞是重複的，而這些名詞就是你要搞懂的關鍵字。舉例來說，「comp」是零售業很重要的指標，指的是「營業超過 1 年的單店，當期與前期的比較」。當你發現某家公司提到這個名詞，其他相似公司也會提到時，你的能力就得到累積了。

長期追蹤一家公司有個好處，那就是你可以了解它為何成功？又是如何陷入困境？這就如同看一場「企業生存實境秀」，讓這些公司彼此競爭，你可以慢慢欣賞，等待最美好的公司出現，然後將它納入你的戰隊。

經過「尋找阿爾法」每天強力的餵食，相信你不到 1 年的時間，就可以將自己懂的公司從 1 家擴展至 5 ～ 10 家，而且是有系統性、全產業的了解。建立好基礎後，未來你想要擴大至 20 ～ 50 家就容易得多了，可以循序漸進、一步一步地構建自己的美股能力圈。

接下來，你只要專注於自己心目中的好公司，等到適當價格買進、長期持有，直到全世界都注意到它，你就可以得到豐厚的報酬！

第5篇

精算價格 放大投資成果

5-1

確立選股條件、買賣策略
不怕錯過賺錢好公司

看了這麼多的例子,在實戰時又應該如何選股呢?

在這一章節中,我會先向各位介紹我自己在實戰中對於選股條件和買賣策略的看法,接著介紹如何資產配置(詳見 5-2),以及如何計算股價是否合理(詳見 5-3、5-4、5-5)。第 6 篇才會說明如何運用所學,進行實戰應用。

選股條件》減少股票回購誤差,ROE > 15% 即可

先來介紹選股條件。我曾經把股神華倫‧巴菲特(Warren Buffett)在「波克夏海瑟威『致股東信』」中說的「近 10 年 ROE(股東權益報酬率)平均 > 20%,且沒有任何 1 年 < 15%」的標準拿來選股,後來發現,這項條件在現實中太嚴苛,因為總體經濟總是在循環,沒有任何 1 年低於 15% 很難,而且我也不喜歡平均的概念。

為什麼我不喜歡平均呢？我用一個小故事說明，你就能夠理解：有一位家庭主婦在波克夏海瑟威（Berkshire Hathaway）的股東會上提問：「我只是一位持有少數波克夏海瑟威 B 股的小股東（註 1），不知道可不可以問下列問題⋯⋯。」巴菲特在回答問題之前，霸氣地告訴這位家庭主婦：「夫人，千萬不要妄自菲薄。只要你手上的股份加上我的，我們兩個人就可以控制波克夏海瑟威！」

平均的意思，就如同我到處宣揚「我手上的股票加上巴菲特手上的股票，就可以控制波克夏海瑟威董事會」一樣，很容易造成誤導；同理可證，如果公司某一年的 ROE 有 200%，即使其他 9 年的 ROE 都是 0%，依舊能夠把 10 年 ROE 的平均拉高成 20% ──這就是我不喜歡平均的原因。因此，我在實戰中訂定的選股標準是「過去 5 年裡，公司的 ROE 至少有 4 年高於 15%」。

為什麼是 5 年？因為美國公司常常進行購併或分拆，時間拉太長的話，與公司現況的相關性會變低，時間太短，則不足以證明公司長期獲利的能力；此外，ROE 只要高於 15% 就可以了。ROE 的公式是「淨利／股東權益（又稱淨值）×100%」，但因為美國公司股票回購太猛了，可以到淨值為負，所以會出現公司賺大錢但淨值很低或為負值，導致 ROE 算不出來或暴衝到 1,000% 的怪

註 1：波克夏海瑟威 B 股價格約為波克夏海瑟威 A 股價格的 1/1500。

現象，舉例來說，麥當勞 2016、2017 年的淨值是負值，所以無法計算 ROE（註 2）。

股票回購是美國非常普遍的現象。要知道，美國股市最大的買家就是上市公司本身，例如標準普爾 500 指數（S&P 500）中的公司，2015 年從美股中合計買回 5,722 億美元的股票、2016 年合計買回 5,364 億美元的股票、2017 年合計買回 5,194 億美元的股票，然後發給員工或註銷。根據 CNN 報導，這個數字在 2018 年已經暴增至 1 兆美元，這是人類歷史上最大規模的財務工程，而且每年都在發生。

而對於有在進行股票回購的公司，投資人該如何看待呢？很簡單，如果某家公司的 ROE 算不出來，但只要它當年的淨利是正數，就表示這家公司淨值變成負值的原因是因為股票回購，所以此時只要將它的 ROE 認定為「＞ 15%」即可。因此，選股條件還要加一個但書：「如果無法算出公司 ROE，但只要當年淨利為正，ROE 就視為 15% 以上」。

照理說，ROE 是愈高愈好，例如一家 ROE 為 100% 的公司，絕對比另一家 ROE 為 15% 的公司好，這點毫無疑問。但因為股票回購機制造成 ROE 扭曲，一家因為股票回購而產生 100% 的高 ROE 公司，和另一家完全沒有股票回購、但 ROE 只有 15% 的公司，完全沒辦法比較。所以美股當中，並不存在 ROE

愈高愈好的現象——不過，可以肯定的是，ROE 低於 15% 一定不好。

為了股票回購這種普遍又特殊的現象，巴菲特特地增加了一項規則：「當波克夏海瑟威買進股票回購的公司時，我們希望 2 件事情發生：第 1，跟買進其他公司一樣有相同期待，希望這家公司的獲利能長期成長；第 2，希望這家公司長期的股價表現比市場差。」

投資美股必須對這 2 點有深刻的理解，因為大多 S&P 500 的公司都有進行股票回購，若光看 ROE 卻沒有深入了解背後成因，則「高 ROE 選股法」反而會成為投資人最恐怖的催命符。我來解釋一下巴菲特提出的這 2 點：

1. 跟買進其他公司一樣有相同期待，希望這家公司的獲利能長期成長

我們來看看萬能衛浴公司（Bed Bath & Beyond，美股代號 BBBY）的例子。

萬能衛浴公司是一家賣居家用品的零售通路公司，長年都維持非常高的 ROE，即使在 2008 年金融海嘯期間也一樣。該公司股價從 2008 年的谷底

註 2：稍微解釋一下公司進行股票回購的會計處理。假設公司發行股數一共 2 股，第 0 年每股淨值 10 元，且第 1 年的 EPS 為 3 元，本益比為 12 倍，由此可計算出公司第 1 年年底的淨值為 26 元（＝ 2 股 ×10 元＋ 2 股 ×3 元），1 股股價是 36 元（＝ 3 元 ×12 倍）；若公司預計要買回 1 股庫藏股，則必須要向銀行借 10 元（＝ 26 元－ 36 元）才有辦法回購。若公司第 2 年每股賺 6 元（2 股已變為 1 股），因為此時淨值已經為負值，所以就沒辦法計算 ROE。這在美股中是非常普遍的現象。

16.59 美元，往上攀升至 2014 年的高點 77.75 美元，6 年漲了約 3.7 倍（＝（77.75 美元－ 16.59 美元）／ 16.59 美元）。

奇怪的是，2017 年，萬能衛浴公司的每股稅後盈餘（EPS）比 2009 年成長了 179%（＝（4.58 美元－ 1.64 美元）／ 1.64 美元 ×100%），且 ROE 在 2010 年以後都在 15% 以上，但為什麼 2017 年的股價又跌回金融海嘯時的水準（19 美元）？

這是因為萬能衛浴公司沒有什麼護城河。在其他通路的競爭下，它的淨利從 2013 年的 10 億 3,700 萬美元下滑到 2017 年的 6 億 8,500 萬美元，即使 ROE 和 EPS 靠著股票回購的財務工程維持得很好，但股價還是一落千丈。

若投資人無視巴菲特的警告，只看到高 ROE 就買進，很容易就會落入價值投資人的墳墓──價值陷阱（value trap）。例如投資人在 2015 年萬能衛浴公司的 ROE 有 34.9% 時，以當年最高價 76.76 美元買進，當時 EPS 為 5.07 美元，本益比約為 15 倍，幾乎就是巴菲特準星價，但到了 2017 年，股價最低跌到 19 美元，等於股價被腰斬 2 次（詳見表 1）。

所以我們在選股時，除了看 ROE 之外，還要多一個條件：「獲利能夠上升或持平」。

表1　**萬能衛浴公司ROE雖高，但淨利較以往已大幅衰退**
──2006～2017年萬能衛浴公司財務數據

年度	收入（百萬美元）	淨利（百萬美元）	流通股數（百萬股）	ROE（%）	EPS（美元）	股利（美元）	當年度最高股價（美元）	當年度最低股價（美元）
2006	5,809	572	299	25.32	1.92	0.00	39.84	30.36
2007	6,617	594	285	22.43	2.09	0.00	41.56	28.06
2008	7,048	562	268	21.97	2.10	0.00	33.42	16.59
2009	7,208	425	258	14.17	1.64	0.00	38.44	18.86
2010	7,828	600	260	16.43	2.30	0.00	48.40	34.74
2011	8,758	791	258	20.13	3.07	0.00	61.29	43.54
2012	9,499	989	243	25.23	4.06	0.00	72.19	53.05
2013	110,914	1,037	227	25.44	4.56	0.00	77.58	53.51
2014	11,504	1,022	213	25.94	4.79	0.00	77.75	54.78
2015	11,881	957	188	34.90	5.07	0.00	76.76	46.62
2016	12,103	841	165	32.88	5.10	0.38	50.33	37.58
2017	12,215	685	149	25.19	4.58	0.57	41.06	19.00

資料來源：Zacks

2.希望這家公司長期的股價表現比市場差

　　來看看美國專賣汽車修護零件的零售商汽車地帶（AutoZone，美股代號AZO）的例子。汽車地帶的股價從 1998 年年底的 33.9 美元漲到 2017 年年底的 711.4 美元，上漲約 20 倍，原因就在於它的獲利連年增長，收入從1998 年的 32 億 4,200 萬美元成長至 2017 年的 108 億 8,800 萬美元，

淨利也從 1998 年的 2 億 2,790 萬美元成長至 2017 年的 12 億 8,090 萬美元；此外，流通在外股數也從 1998 年的 1 億 5,410 萬股減少至 2017 年的 2,910 萬股。

汽車地帶的成功還有另一個原因，就是巴菲特說的「公司長期的股價表現比市場差」。汽車地帶的 20 年平均本益比為 17.78 倍，遠比 S&P 500 20 年平均本益比的 25.74 倍低（詳見圖 1）。換句話說，如果汽車地帶的股價一直保持跟市場一樣，投資人將需耗費多約 45%（＝（25.74 倍／ 17.78 倍－1）×100%）的資金。

我們可以說，當你買進一家好公司的股票時，低股價會變成長期獲利最好的保證；但股價高低並非是公司可以決定的，所以這一點不能放到選股條件中。

買賣策略》加碼好標的，出清不賺錢股票則要快狠準

了解選股條件以後，接著來看買賣策略。

1.買進策略

常常有空手的股友問我：「現在可以進場嗎？」我在任何時候的答案都一樣：「我從沒看過比現在更好的時機了！」

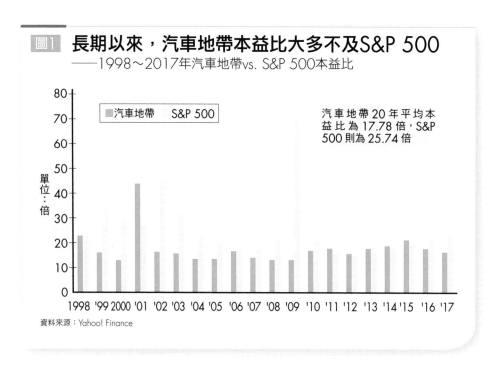

圖1 **長期以來，汽車地帶本益比大多不及S&P 500**
——1998～2017年汽車地帶vs. S&P 500本益比

汽車地帶 20 年平均本益比為 17.78 倍，S&P 500 則為 25.74 倍

單位：倍

資料來源：Yahoo! Finance

投資和重量訓練一樣，不管你讀了多少書、徒手操作的姿勢多漂亮，所有問題只有上了重量訓練才會顯現，到底是核心肌群、股四頭肌或是臀大肌的力量不夠；而投資也是只有先進場，才能知道真實情況。

至於要買進多少呢？最好一出手就不要低於全部資金的 25%，若只拿 5% ～ 10% 的資金練手感，就和拿牙籤練二頭肌彎舉一樣，練 3 年也不會有效果。只有拿 25% 以上的資金入場，看著自己的資產起起伏伏，才知道你在財務、

選股、評價和心理上是否準備好了。25% 的資金，就算你遇到股價腰斬的股災都救得回來，死不了。

但如果是過去沒有投資經驗的人，一開始不要高於全部資金的 30%，以免心理承受太大的壓力。要記住！除非你喜歡的股票都貴得離譜，否則無論在任何狀況，持股資金都不要低於 25%，務必讓自己一直保持在備戰狀態。

此外，也千萬不要輕易嘗試投入超過 75% 的資金，除非你的資本中，至少有 1/3 是靠投資賺來的，因為這表示你已經經歷過一段時間的訓練，並且有足夠的肌肉可以挑戰突破個人的極限重量，就算市場回跌 30% 也不容易心慌意亂。

最重要的是要謹記，絕對不要融資或使用槓桿，這種做法就和服用禁藥一樣，不管短期表現再好，最後一定會造成永遠無法回復的傷害。

2.賣出策略

接著來看賣出策略，我們先來看看巴菲特是如何處理手中沒有在賺錢的股票。以可口可樂（Coca-Cola，美股代號 KO）為例，由於可口可樂在 1996 年 5 月曾進行股票分割，將 1 股拆成 2 股，所以還原其 1998 年 5 月最高股價應為 86.82 美元（＝ 43.41 美元 ×2），以當時 EPS 1.41 美元計算，本

益比高達 62 倍，貴不貴？

國際金融服務公司摩根士丹利（Morgan Stanley）的分析師說，可口可樂這樣的價格算合理。分析師在 1998 年 6 月出了一份報告，預期未來 12 ~ 18 個月，可口可樂的股價會維持在 85 ~ 86 元左右。其實這份報告只要把未來 12 ~ 18 個「月」，改成 12 ~ 18「年」就神準了（詳見圖 2、註 3）。

話雖如此，巴菲特可是從 1988 年持有可口可樂直到現在（註 4），難道他是傻瓜？

其實那個時候（1998 年），巴菲特急得像熱鍋上的螞蟻，很想出脫手上股票，但因為手中部位太大，只要他一賣出，除了會產生很大的資本利得稅，可口可樂的股價也肯定崩盤，所以巴菲特並沒用 62 倍本益比賣掉可口可樂。

那他是怎麼做的呢？他先用股價淨值比（PB）已經 2.7 倍的波克夏海瑟威增發市價 220 億美元的新股，再購併手上擁有 190 億美元債券（該債券性質等同現金）的通用再保（General Re），此舉無異是把可口可樂賣在本益比約

註 3：由於可口可樂在 2012 年 8 月 13 日曾進行股票分割，將 1 股拆成 2 股，若還原 2015 年 12 月 18 日收盤價，應為 85 美元（＝ 42.5 美元 × 2 股）。
註 4：截至 2018 年 12 月底，巴菲特仍持有可口可樂股票達 4 億股。

167 倍（＝ 62 倍可口可樂本益比 ×2.7 倍波克夏海瑟威股價淨值比）。

看懂了嗎？看不懂的話，我用另外一個說法來描述這宗交易。

如果你有 100 元，買進 100 元的台積電（2330），接著成立一家 Y 公司，而 Y 公司的股價在市場上是 270 元，但事實上，Y 公司的全部資產就只有 100 元的台積電。

然後，你以 270 元發行 1 倍新的股票，用這個股票去購併一家資產手上有 270 元優質債券的保險公司，Y 公司的資產就變成 100 元的台積電加上 270 元的優質債券，因為稀釋一半，你的所有權變成 50 元台積電加上 135 元債券。

日後台積電跌到 50 元，你的資產會變成 25 元加 135 元債券，合計 160 元；但如果你只持有原來的台積電，資產將變成 50 元。把原本會跌成 50 元的資產變成 160 元，來回差異 110 元，這就是巴菲特的獨門絕活。

巴菲特的賣股方法雖然讓人目眩神迷，但對一般人而言，並不需要這麼複雜，只要在公開市場上直接把股票賣掉換成現金，等待好的投資機會出現就可以了，不用繼續持有部分股票跟著市場一起跌，效果反而更好，這是身為散戶的優勢。

圖2 2009年後，可口可樂股價一路上揚
──1997～2018年可口可樂股價走勢圖

註：資料統計時間為 1997.02.03 ～ 2018.02.01　　資料來源：Yahoo! Finance

那麼散戶該怎麼做才好呢？基本上，賺錢的股票很好處理，只要股價來到昂貴價就可以賣出，在這之前不要賣（詳見 5-3）；比較困難的，是如何處理那些目前沒有在賺錢的股票。

在實戰中，你會發現有些公司在你多年前購入時，可能受限於當時自己的功力不夠，判斷錯誤，或是公司因為競爭等因素，已經沒當初那麼美好。即使股市已經再創高點，這些公司的股價卻還是停留在原地，我們該如何處理這些股

票？很簡單，先將這些股票分成 3 類：

1. **毫無回收希望的投資**：賣掉全部持股，換回現金，買進新的公司。

2. **有希望但沒把握的投資**：賣掉一半持股，將賣出股票所得的現金，再拿回股市重新布局。

3. **未來仍很有希望的投資**：這種公司要問自己，如果現在空手，自己會積極買進這家公司嗎？如果答案是肯定的，當然保留，甚至加碼。

要記住，買賣股票的標準，是這家公司整體價值是「便宜」還是「昂貴」，而不是這檔股票「賺錢」還是「賠錢」。千萬不要犯下「心靈會計」（mental accounting）的錯誤，把賺錢的股票賣掉去救賠錢的股票，才不會賠了夫人又折兵！

釐清3問題
完成最適資產配置

5-1 提到的選股條件與買賣策略，都會影響報酬率；而總共持有幾檔股票、除了股票之外，是否還有其他投資工具等資產配置問題，也會影響到投資成果。在此，我們先來看是否該分散持股。

理論上持有 1 檔股票最好，看看《富比世》（Forbes）全球富豪榜就知道了，所有的富豪把 90% 以上的身家都集中在 1 檔股票上，例如傑夫‧貝佐斯（Jeff Bezos）僅持有亞馬遜（Amazon，美股代號 AMZN）、比爾‧蓋茲（Bill Gates）僅持有微軟（Microsoft，美股代號 MSFT）、股神華倫‧巴菲特（Warren Buffett）僅持有波克夏海瑟威（Berkshire Hathaway，美股代號 BRK）、馬克‧祖克柏（Mark Zuckerberg）僅持有臉書（Facebook，美股代號 FB）。

這些富豪除了是創業家之外，也是投資人。他們持有 1 檔股票，賺取了折價、時間、成長與溢價的所有報酬，再加上龐大的股數，因而變成富豪。

問題 1》持股幾檔最佳？

然而，將資產全部集中於 1 檔股票真的好嗎？要知道，巴菲特會把資產的 25% ～ 33% 集中在 1 檔股票上，是因為他是高手，但這種重量不是每個人扛得起的。

至於該持有多少檔股票？根據我個人經驗，手中持股多於 10 檔，績效就會偏向大盤，低於 5 檔，風險和心理壓力則會驟增。因此，一般人可以將 8 檔個股作為中間點，也就是每檔投入 12.5% 資金。

如果希望多一點安全感，你可以往 10 檔方面靠近，也就是每檔投入 10% 資金，但也不要超過 10 檔；如果對自己的判斷有信心，想追求高一點的報酬，可以往 5 檔靠近，也就是每檔投入 20% 資金，但也不要低於 5 檔，避免「單獨風險」（stand alone risk）。如此一來，不但可以追求較高的報酬，也能控制風險。

那如果買進之後，有一檔股票因為股價增長，造成占比超過整體部位 20%，是否應該賣掉部分持股來分散風險呢？我個人認為沒有必要，如果這檔股票價格還不貴，公司前景也看好，為何要賣出呢？糊裡糊塗地平衡投資組合，會讓真正的贏家股票複利威力大打折扣。1 檔每年增長 20% 的股票，10 年就可以

增長 519%，如果把每年增長（賺到）的 20% 賣掉，10 年報酬只剩下 200%（註 1），差異實在不小。

問題 2》該如何做好資產配置？

除了分散持股以外，有需要將資金投入其他投資商品嗎？例如債券或是 ETF（指數股票型基金）等。

先來看 ETF。依據 2018 年波克夏海瑟威「致股東信」的資料，追蹤標準普爾 500 指數（S&P 500）的 ETF，過去 50 年的報酬率約 9% ～ 10%，這指的是在 50 年前的某一天，將所有財產拿去買追蹤 S&P 500 的 ETF 所產生的報酬；但如果是定期定額的話，報酬率就只有 5%（因分布在 50 年，簡單計算就是將報酬率除以 2），而因為一般人可運用的資金是會隨著薪資成長而增加，投資金額會大量集中在最近的 3 ～ 5 年，如此一來，報酬率就可能比 5% 更低。

我們學習巴菲特的目的，就是即使定期定額，也要找到更划算、更有成長潛力的投資標的，就算遇到崩盤也是一樣的道理。然而，定期定額投資 ETF 卻不

註 1：100 元每年賺 20 元（20%），10 年累計 200 元賺 200%。

保證能夠如此。

投資 ETF 有其優點，但也有明顯的缺點，因為它無法估出什麼時候便宜，什麼時候昂貴，所以就有人想出「股債平衡」這個策略，但備受推崇的指數投資之父約翰・柏格（John Bogle）卻從來沒有說過「股債平衡是個好主意」。

對於是否持有債券，我也和柏格有同樣看法，我認為債券在「個人」投資組合內，最適比率是「零」。

有些人認為在投資組合中加入債券可以提高報酬率，這種「股債平衡」的策略，聽起來的確很迷人。但請讓我用其他角度來談「股債平衡」。

舉個例子來看：「利用『低買高賣』的策略，將手上資產配置 50% 現金、50% 股市。等股市漲 1 倍之後，賣出 25%、改持現金；等股市跌 50% 之後，再將現金拿去買股票，反覆操作，迅速致富。」請問你相信這個說法嗎？如果你不相信，為何把「現金」改成「債券」，這個理論就成立？

其實我對債券本身並無意見，但是我對「平衡」是有疑慮的，因為要讓股債兩者「平衡」，跟猜市場有何不同，而且其難度更高，原本只要猜股市，現在連債市也要猜。

即使「股」、「債」走向不一樣，但兩者時間差可能高達數季或超過 1 年，很難掌握進行股債平衡的時間點，又或者你轉成債券後，股市真的下跌了，但只跌 3% 後立即反彈 5%，此時你又必須賣掉債券重回股市追高，猜來猜去，效果卻未必會比較好。

再讓我用另一個角度說明。學過生命週期與資產配置的人都知道，一個人的「整體財富」（total wealth）等於「財務資本（financial capital）＋人力資本（human capital）」。

財務資本，就是工作賺到的錢、孳息、資本利得的累積；人力資本，就是一個人一輩子付出勞務可賺到的錢。

為了計算方便，假設日常生活費用已經由財務資本的增值支付了。想像一個 26 歲的年輕人，不靠爸，剛出社會工作，口袋空空，「財務資本」為 0 元；若他 1 年可以賺 36 萬元，一直工作到 65 歲退休，每年加薪 3%，工作 40 年可賺 2,714 萬 4,000 元，這就是他的「人力資本」。

隨著時間推移，當年輕人 35 歲時，財務資本為 412 萬 7,000 元、人力資本為 2,301 萬 7,000 元（＝ 2,714 萬 4,000 元－ 412 萬 7,000 元）……，65 歲時，財務資本為 2,714 萬 4,000 元、人力資本為 0 元（＝ 2,714 萬

4,000 元－ 2,714 萬 4,000 元）（詳見表 1）。

「人力資本」的現金流變化，讓你想到什麼？像不像一檔結構特殊的債券？沒錯，人，本身就是一檔質量最好的債券。

在年輕人變成 55 歲時，即使將所有的財務資本投入股市，「人力資本」這檔「債券」還占了整個投資組合的 37%（＝ 1,001 萬 7,000 元／ 2,714 萬 4,000 元 ×100%），這還是將所賺的錢全部存下的結果；若是將財務資本的一半，也就是 856 萬 3,500 元（＝ 1,712 萬 7,000 元／ 2）拿去支付生活所需，則整體財富只剩下 1,858 萬 500 元（＝ 2,714 萬 4,000 元－ 856 萬 3,500 元），此時債券比率高達 54%。所以，到這個階段，其實還不需要考慮債券。

到了 65 歲，財務資本為 2,714 萬 4,000 元，人力資本已經為 0 元。到了這個階段，才是你真的要考慮該買股或買債的時候。換一個説法：該如何做「資產配置」？

主張年老時債券比率應該要比較高的人，是認為這個階段會有一些醫療上的支出，所以應該保守以對。不過我認為，這個階段其實不適合用「比率」，而應該用「絕對數字」。

表1 **26～65歲的財務資本和人力資本變化**
──整體財富試算

項目	26歲	35歲	45歲	55歲	65歲
財務資本（萬元）	0	412.7	967.3	1,712.7	2,714.4
人力資本（萬元）	2,714.4	2,301.7	1,747.1	1,001.7	0
整體財富（萬元）	2,714.4	2,714.4	2,714.4	2,714.4	2,714.4

註：假設最初月薪 3 萬元，薪資年成長率為 3%

　　醫療或一般生活消費，並不是以資產規模計價，若以65歲、財務資本2,714萬4,000元為例，就算定存 500 萬元，可投資金額也超過 80%（＝（2,714萬4,000元－ 500 萬元）／ 2,714 萬 4,000 元 ×100%）。

　　在這樣的架構下，不管位處生命週期中的哪個階段，都不適合配置大量的債券，更不用說投資債券本身也有相當的風險。況且，債券分析所需的技術，比起股票有過之而無不及，不是一般人可以輕易理解的。

　　那麼，除了投資股票以外，就不應該進行其他資產配置了嗎？其實與投資債券、ETF 相比，「人力資本」是最大，卻最容易被忽略的資產。這項資產只要運用得當，報酬就會相當驚人，這是非常重要的一點。

　　一般投資人不像巴菲特有保險公司，可以產生浮存金供他投資，資金也不可

能從天上掉下來，靠股利或債息產生的現金流太過微薄，根本不可能有太大的經濟意義，最好的資金來源，還是要靠自己工作得到的勞務報酬。

「人力資本」的特質，讓它的價值變化跟債券的價格變化非常相似。因為特殊的金流分配結構，要從「人力資本」這檔債券中獲得最大的利益，就必須把工作「做好、做滿」。

1. 工作做好

一個 26 歲的年輕人，就像一檔「持續時間」（duration）為 40 年的債券，價格變化非常敏感。

假設甲、乙兩位年輕人，第 1 年年薪同樣都是 36 萬元，其中甲的薪水以每年 3% 幅度成長，乙因為表現卓越，薪水以每年 5% 幅度成長，40 年後，甲可賺 2,714 萬 4,000 元，乙可賺 4,348 萬 8,000 元，兩人相差 1,634 萬 4,000 元，或者可以說，乙比甲多賺了 60% 的薪水。這表示只要把工作做好，每年多 2% 的加薪，差異就是 60% 終身所得的薪水。

2. 工作做滿

同樣以每年加薪 5% 的例子試算，40 年賺 4,348 萬 8,000 元，其中有 45% 的財富是在職場最後 10 年賺到的；若每年加薪幅度為 10%，最後 10 年

的收入則占 40 年整體收入的 56.3%。由此可知，職場表現愈優秀的人，最後 10 年賺的錢，占整體財富的比率愈高。現在知道你的主管為何不退休了吧。

很多人想早點退休，靠投資為生。但理性思考一下，你把工作年限做滿，才能把自己「人力資本」這檔債券的獲利榨乾。

其實我並不反對投資債券、ETF、特別股或任何商品，更主張所有投資機會應該放在同一個平台上比較。如果一間房子的租金與增值的報酬率可超過 15%，其他機會只有 5%，那麼投資房地產何嘗不可？前提是你要有能力去做這樣的分析，若沒有這種能力，那我建議，只要將精力放在鑽研股票與提升自我價值即可。

問題 3》多久該調整一次持股？

從前文中可以看出，除了提升自我價值以外，我認為投資人應該將心力專注於股票上。至於應該多久調整一次手中持股？我們先來看一個小故事。

近幾年很流行「被動收入」、「被動型基金」這些名詞，跟各位分享一個比「被動」更「被動」的「不動」型基金「Voyage Corporate Leaders Trust」，這檔被遺忘的基金在 2015 年歡度 80 歲生日後，再度被眾人提起。

Voyage 在 1935 年買進 30 家股票之後封印，80 年來未買進任何一家新的公司，也未在主動意願下賣出任何股票。

該基金成立的時候，就訂下 1 條鐵律：「不買也不賣。」這一條遵守了 80 年的鐵律，使其擊敗了 98% 的基金同業，包括大盤。

在講求速度的今日，Voyage 的投資策略不要說「快」與「狠」，其實連「準」都談不上，原本的 30 家公司只剩 18 家，另外 12 家因股價低於 1 美元或瀕臨破產而被清盤；剩下的 18 家中，有 13 家被購併而換成新的公司，真正以原公司名稱保留下來的只有 5 家，命中率僅 12.5%。

話雖如此，並沒有任何投資人批評或抱怨這檔基金的經理人，甚至希望他們就這樣保持下去，再持續下一個 80 年——因為績效高得驚人。

不信我算給你看。我們假設 1970 年 12 月分別投入 1 萬美元在 Voyage 和 S&P 500，到了 2016 年 12 月，Voyage 的 1 萬美元變成 130 萬 351 美元，S&P 500 的 1 萬美元變成 96 萬 7,547 美元。這表示自 1970 年 12 月～2016 年 12 月，S&P 500 的報酬為 96.8 倍，而 Voyage 的報酬為 130 倍。

或許有人會認為，80 年前的選股標準恐怕不符合新時代，然而 Voyage 近

10 年的年化報酬率（CAGR）為 8%，同期大盤表現為 7.4%。

　　巴菲特曾不止一次地說：「近乎懶散的怠惰，仍是我們投資風格的基石。」連股神也如此強調，可見在投資這方面，過於積極進取不見得是好事。因此我認為，只要股價不貴，就可以不管。

用DCF計算股票合理價
安穩進場賺4大收益

　　談完資產配置，接著來看如何計算股票的價值。雖然 5-1 有提到，股價高低並非是公司能夠控制的，所以不能列入選股條件，然而想要在投資股票上獲得好報酬，「低股價」是不可或缺的因素，那麼該如何判斷股價是否合理呢？

　　3-1 提到，華倫‧巴菲特（Warren Buffett）是用「10x」（指 10 倍）的稅前盈餘來計算合理股價，買入高於這個估值的股票就會影響報酬率，但這種方式對一般投資人來說不太適用，原因有 2 個：1. 巴菲特是用公司買股票，稅務比較複雜，一般投資人不能用稅前盈餘去評估；2. 當巴菲特購併一家公司後，就會希望能夠長期持有，通常不會有「出場計畫」（exit plan），但一般投資人很難如巴菲特那樣有耐心，都應該有買進和賣出的計畫。

　　因此，我要來教大家一般人也能使用的方式：利用「現金流量折現法」（Discounted Cash Flow，簡稱 DCF）來計算股票合理價。

人們常會被「被動收入」、「現金流」這類名詞所迷惑，但其實不管你投資的是債券、股票、ETF 或房地產，所有的投資報酬都應以「整體報酬」為考量，而非該資產分配報酬的方式。而 DCF 就是拿來衡量不同資產、不同現金流分配的方法。

理論無分好壞，看似互斥卻又同時存在並行

在進入主題（如何利用 DCF）之前，我們先來看一下，投資領域中 2 個不同流派的理論：

理論1》磐石理論（Firm-foundation Theory）

磐石理論的倡導者認為，不論是股票或房地產，每一種投資工具都有一個確定的標準「內在價值」（intrinsic value），可以經由仔細分析目前和未來的展望而算出。當市價跌破或漲過「內在價值」時，買進或賣出的時機就到了，因為該理論認為，價格波動終究會被矯正。

理論2》空中樓閣理論（Castle-in-the-air Theory）

空中樓閣理論是凱因斯（John Maynard Keynes）於 1936 年提出的，認為資產（股票）的價值取決於別人願意付出的價格。這種理論的倡導者表示，投資者之所以要以一定的價格購買某檔股票，是因為他相信有人將以更高的價格

向他購買該股票。

　　因此，股價的高低並不重要，重要的是要有更大的「笨蛋」願意以更高的價格向你購買；而精明的投資者無須去計算股票的「內在價值」，他所要做的只是搶在最大「笨蛋」出現之前成交，即股價達到最高點之前買進，而在股價達到最高點之後將其賣出。

　　我認為這 2 個理論本身並無好壞之分，因為都是從市場經驗中歸納出來的，看似互斥卻又同時存在，過去曾發生，現在正在進行，未來也會繼續。這是很普遍的現象，因為股市中可以看到許多股票以高估（價格高於價值）、低估（價格低於價值）或合理（價格等於價值，也就是巴菲特認為的「內在價值」）等不同的價格存在。

只鎖定成長型、穩定型公司，衰退型公司價格誘人也絕不碰

　　以下我們以磐石理論和空中樓閣理論為基礎，利用 DCF 來解析股票的價格區間，以及折價收益、時間收益、溢價收益和成長收益等 4 種收益。

　　先來看如何用 DCF 解析股票的價格區間。一般而言，公司大致可分為 3 種型態：成長型公司、穩定型公司和衰退型公司。這 3 種型態的公司，都可以利

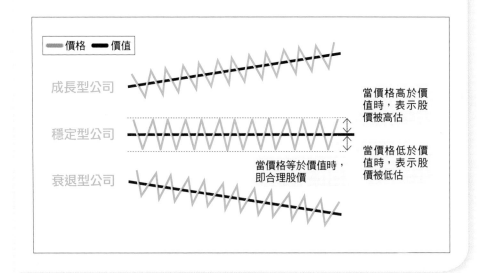

圖1　一般公司型態可分為成長型、穩定型、衰退型
——公司的3種型態

用 DCF 算出其合理價格，但有可能會出現股價低估或者是高估的情形（詳見圖1）。

通常我們只談論成長型公司和穩定型公司，因為我們對衰退型公司避之唯恐不及，就算有時候衰退型公司的股票價格很吸引人，也沒有必要火中取栗。

此外，我們還要了解一下什麼是「折現率」（discount rate）。折現率是根

據資金具有「時間價值」這一特性，按複利計息原理，把未來一定時期的預期收益折合成現值的一種比率。

　　舉例來說，如果你向某人借錢，承諾 1 年後還他 100 元，隱含年利息 3%，對方就只會借你 97.087 元（＝ 100 元／（1 ＋ 3%）），這就是「折現」的概念，3% 就是折現率。若你承諾 2 年後還 100 元，隱含年利息 3%，你就只能借到 94.26 元（＝ 100 元／（1 ＋ 3%）^{2}），以此類推。

　　接著，我們來設定便宜價、合理價和昂貴價，當作未來買進、持有、賣出的參考指標。

1.便宜價：折現率13%

　　這個 13% 是我假設的報酬率，與市場報酬相較，有 4 個百分點的超額報酬，這是考慮承受個別公司風險的代價。

2.合理價：折現率9%

　　過去 50 年來，標準普爾 500 指數（S&P 500）的年化報酬率介於 9% ～ 10% 之間，美股是一個歷史悠久的股市，以 9% 當成投入股市應該得到的合理報酬率，比美國定存利息多了 6 個百分點，這是投資人應要求的風險貼水（註 1）。

3.昂貴價：折現率3%

假設把錢拿去購買 10 年期美國政府公債，每年可以得到無風險的 3% 利息，如果一項投資的預期報酬率低於 3%，那還有任何價值嗎？沒有吧！所以我把折現率 3% 訂為昂貴價。

從字面上你就能看出，當股價處於便宜價或合理價時，就是好買點，當股價超過昂貴價時，就應賣出。

了解適合 DCF 的公司型態以後，我們以 J 公司為例來加以說明：預估 J 公司未來 10 年，每年每股稅後盈餘（EPS）為 1 元，每年股利 0.6 元，配息率 60%，這家公司應該如何估價？

由於投資可以得到的報酬會分布在 10 年間不同的時間點，因此需要一個方法將這些報酬給予不同的時間加權，而把未來的數字除以相對應的複利，就可以用來計算各種不同資產的現值。例如，以折現率 3% 計算，可以推算出 10 年後的 1 元，現值約為 0.74627 元（＝1 元／1.34）。

不要被這些數字唬住了，Excel 可以輕易計算出這些數字，網路上也有各種

註 1：編按：貼水，投資人因為承擔額外風險，所要求的額外報酬。

表1　利用對應除數表，評斷股價更輕鬆
——折現率對應除數表

價格區間	1年	2年	3年	4年	5年	6年	7年	8年	9年	10年
便宜價	1.13	1.28	1.44	1.63	1.84	2.08	2.35	2.66	3.00	3.39
合理價	1.09	1.19	1.19	1.41	1.54	1.68	1.83	1.99	2.17	2.37
昂貴價	1.03	1.06	1.06	1.13	1.16	1.19	1.23	1.27	1.30	1.34

註：以便宜價折現率13%、合理價折現率9%、昂貴價折現率3%計算

報酬率或各種年限的折現表可供使用。然後，我們利用便宜價、合理價和昂貴價不同價格的折現率，算出未來10年股利的現值（詳見表1）。

　因為投資股票的獲利來源有2種：每年股利發放、股票的買賣價差，因此我們可以先分別估計出便宜價、合理價和昂貴價每一年的股利現值（詳見表2）；賣出的價格，我們就以本益比（PE）來估計終值（terminal value），此處以12倍、15倍、20倍這3種不同的本益比，來看看10年後的賣出價會有什麼差異。

　若單看賣出價，以本益比12倍（終值12元）為例，利用表1可算出，現值的便宜價約為3.54元（＝12元／3.39）、合理價約為5.06元（＝12

表2 股利也是獲利來源之一，應列入選股考量
——J公司在累計10年股利下，不同折現率的股利現值

股利現值	1年	2年	3年	4年	5年	6年	7年	8年	9年	10年	合計
便宜價（元）	0.53	0.47	0.42	0.37	0.33	0.29	0.26	0.23	0.20	0.18	3.26
合理價（元）	0.55	0.50	0.50	0.43	0.39	0.36	0.33	0.30	0.28	0.25	3.89
昂貴價（元）	0.58	0.57	0.57	0.53	0.52	0.50	0.49	0.47	0.46	0.45	5.14

註：1. 預估 J 公司未來 10 年，每年 EPS 為 1 元，每年股利 0.6 元，並利用表 1 折現率對應除數表算出各年數值；2. 以便宜價折現率 13%、合理價折現率 9%、昂貴價折現率 3% 計算

元／ 2.37）、昂貴價是 8.96 元（＝ 12 元／ 1.34）（詳見表 3）。

　　把股息和終值的折現加總後，我們就可以界定一檔股票的價格區間。要注意的是，因為股利每年都可以領，所以股利是用 10 年現值的總和計算，但因為賣出只有 1 次，所以終值的折現值是用第 10 年的價格計算，從表 4 中，我們可以得知：

情況 1》預估 10 年後可以 12 倍本益比賣出股票

　　如果目前股價為 6.8 元以下就是非常便宜，我們可以期待每年 13% 的報酬率；若目前股價為 14.09 元以上，預期每年的報酬率低於 3%，這檔股票不如定存。

表3 本益比12倍時，J公司便宜價為3.54元

——J公司在不同本益比下的股票現值

價格區間	本益比（倍）		
	12	15	20
終值（元）	12.00	15.00	20.00
便宜價（元）	3.54	4.42	5.90
合理價（元）	5.06	6.33	8.44
昂貴價（元）	8.96	11.19	14.93

註：1. 終值為 10 年後賣出價；2. 以便宜價折現率 13%、合理價折現率 9%、昂貴價折現率 3% 計算

情況 2》預估 10 年後可以 15 倍本益比賣出股票

若目前股價為 7.68 元以下就是非常便宜，我們可以期待每年 13% 的報酬率；若目前股價為 16.33 元以上，預期每年的報酬率低於 3%，這檔股票不如定存。

情況 3》預估 10 年後可以 20 倍本益比賣出股票

若目前股價為 9.16 元以下就是非常便宜，我們可以期待每年 13% 的報酬率；若目前股價為 20.06 元以上，預期每年的報酬率低於 3%，這檔股票不如定存。

股票的 4 種收益

以上是用 DCF 模型估計一家公司股票的價格區間，投資人可以用來評估目

表4 **用本益比計算股價是便宜、合理或昂貴**
——J公司在獲利不成長下的股票價格區間

價格區間	本益比（倍）		
	12	15	20
便宜價（元）	6.80	7.68	9.16
合理價（元）	8.95	10.22	12.33
昂貴價（元）	14.09	16.33	20.06

註：以便宜價折現率 13%、合理價折現率 9%、昂貴價折現率 3% 計算

前的股價是否適合進場。接下來我們來看股票的 4 種收益。

1.折價收益

折價收益很容易理解。一家公司的 EPS 為 1 元，我們認為它合理價本益比為 12 倍，當市價為 6.8 元就「可以買進」。若在下次發放股利之前，股價依據「磐石理論」回歸真正的價值（12 倍本益比）來到 12 元，我們就可以獲利約 76.5%（＝（12 元／ 6.8 元－ 1）×100%）出場，賺取折價收益。

2.時間收益

當股價上升以後，投資人將面臨一個「再投資風險」。

同樣以市價 6.8 元、合理價本益比 12 倍為例，我們可以分為 3 種情況：

情況 1》股價在第 1 年發放股息之前升到 12 元，投資人繼續持有

此時投資人每年還有股利 0.6 元，也就是報酬率 5%（＝ 0.6 元／ 12 元 ×100%）。10 年後，若本益比仍維持 12 倍，總共可獲得 18 元（＝ 0.6 元 ×10 年＋本益比 12 倍 ×EPS 1 元），整體報酬率為 164.7%（＝（18 元／ 6.8 元－ 1）×100%）。

情況 2》股價在第 1 年發放股息之前升到 12 元，投資人立刻賣出

若投資人之後無法在市場上找到 1 年有報酬率 5% 的標的，就會損失第 2 年～第 10 年之間的股利。

情況 3》市場上有人願意以 14.09 元的價格買進

此時，投資人就算立刻賣出，也不用擔心損失時間收益，因為市場上很容易找到替代且沒有風險的投資標的（報酬率 3%），而 14.09 元和 12.06 元之間相差的 2.03 元就是「溢價收益」。若當初是以市價 6.8 元買入，則報酬率為 107.2%（＝（14.09 元／ 6.8 元－ 1）×100%）。

這部分要注意的是，由於每年有股利 0.6 元，若投資人在股價 14.09 元時選擇繼續持有，雖然看似每年還有約 4.3%（＝ 0.6 元／ 14.09 元 ×100%）的報酬率，但由於我們預期股價會跌回本益比 12 倍，考慮跌價損失，每年報酬率只有 3%（詳見表 4、註 2）。

表5　公司獲利成長，EPS、股利也會隨之增加
——J公司在獲利成長下的EPS與股利

項目	1年	2年	3年	4年	5年	6年	7年	8年	9年	10年
EPS（元）	1.00	1.10	1.21	1.33	1.46	1.61	1.77	1.95	2.14	2.36
股利（元）	0.60	0.66	0.73	0.80	0.88	0.97	1.06	1.17	1.29	1.41

註：以配息率60%計算

3.溢價收益

基於「空中樓閣理論」，市場上總會有人出較高價格買進股票，因為他相信未來會有人用更高價格來買他的股票，所以當有人用比 14.09 元更高的價格（如 17 元）買進你的股票，溢價收益就是 2.91 元（= 17 元－ 14.09 元）。

4.成長收益

在股票的 4 種收益中，成長收益是最迷人的，因為想像空間最大。我們之前的假設是 J 公司的獲利不成長，每年 EPS 都是 1 元，但如果 J 公司發展出受到市場歡迎的新商品，使得 EPS 從第 2 年開始以 10% 的速度成長，到了第 10 年，則 EPS 會從 1 元成長為 2.36 元，在配息率均為 60% 的情況下，股利會從 0.6元變成 1.41 元（詳見表 5）。

註2：14.09 元為假設本益比 12 倍時的昂貴價，此時報酬率只有 3%。

表6　若公司EPS每年成長，應上調價格區間
——J公司每年EPS成長10%的股票價格區間

價格區間	本益比（倍）		
	12	15	20
便宜價（元）	13.05	15.14	18.61
合理價（元）	17.69	20.68	25.66
昂貴價（元）	29.03	34.29	43.06

註：以便宜價折現率13%、合理價折現率9%、昂貴價折現率3%計算

　　將每年EPS成長10%納入考量後，在相同假設「以本益比12倍出場」的條件下，公司股價的便宜價會從原本的6.8元升至13.05元，兩者相差6.25元，價格上升約92%（＝6.25元／6.8元×100%），這就是成長收益。但此時股票仍有很高的價值（依然便宜），繼續抱下去，每年的預期報酬率還有13%（詳見表6、註3）。

　　不過，因為市場對成長型公司會給予比較高的本益比，假設到了10年之後，J公司的本益比可以達到20倍，如果有人出價45元（昂貴價43.06元），就應該立即賣出，因為這檔股票即使再繼續持有，也不會有高於定存3%的報酬率。

註3：13.05元為假設本益比12倍時的便宜價，此時報酬率有13%。

若我們當初以 6.8 元買進 J 公司股票，此時報酬率約為 562%（＝（45 元／6.8 元－1）×100%），也就是得到折價、時間、溢價與成長 4 種收益的全部，已經把整檔股票的潛在收益榨得一滴不剩。

股價有沒有可能衝得比 45 元更高？當然有可能，根據「空中樓閣理論」，股價會持續增長，直到最後一個笨蛋，但問題在於，我們無法預測市場有多少笨蛋。

5-4

3步驟應用現金流量折現法
低買高賣報酬豐厚

5-3 是「現金流量折現法」（Discounted Cash Flow，簡稱DCF）的理論部分，然而理論終究是理論，在真實的股市中，我們該如何運用？

其實非常簡單，只要 3 個步驟就可以完全套用，此處我們以（2018 年觀察）蘋果（Apple，美股代號 AAPL）為例。

步驟1》建立預估參數

我們先取得蘋果過去5年公司的財報資料。2013～2017年，從上而下（top down）地找出我們進行預估時所需的參數，我把 5 年中最高和最低的數字去掉，取其 3 年平均後進行調整。

這部分每個人都可以有不同看法，參數假設的質量高低，取決於個人對這家公司的了解程度，這也是影響預估結果好壞的最重要因素。參考過去 5 年財務

數據，至少讓我們的預估有所依據，不致天馬行空。

將各項比率分別預估，而非直接利用淨利或每股稅後盈餘（EPS）預估的優點，是可提高準確性，但也因為要預估的參數變多，所增加的不確定性抵銷了其準確性，這端看分析者權衡利弊後再決定哪種方法較合適。就我認為，分開預估仍是利大於弊。

從蘋果 2013 ～ 2017 年的財報資料，我們可以算出重要的預估參數（詳見表 1）：

1. 總收入成長率（total revenue growth rate）：5%

我認為 3 年平均 7.48% 這個數字恐怕有點高估，所以將其下修為 5% 進行預估。

2. 稅息折舊攤銷前獲利率（EBITDA margin）：32%

觀察 2016、2017 年，發現這項比率已經沒有 32.8% 這麼高，保守起見，我們將其下修至 32%。

3. 稅息前獲利率（EBIT）占稅息折舊攤銷前獲利（EBITDA）比重：85.5%

表1 設定參數時，應視公司營運適度調整

財務數據	2013	2014
總收入（百萬美元）	170,910	182,795
總收入成長率（%）	9.20	6.95
稅息折舊攤銷前獲利（百萬美元）	55,756	60,449
稅息折舊攤銷前獲利率（%）	32.62	33.07
稅息前獲利（百萬美元）	48,999	52,503
稅息前獲利占稅息折舊攤銷前獲利比重（%）	87.88	86.86
利息及其他非營業收入（百萬美元）	1,156	980
稅前收入（百萬美元）	50,155	53,483
公司所得稅（百萬美元）	13,118	13,973
有效稅率（%）	26.15	26.13
稅後淨利（百萬美元）	37,037	39,510
少數股東權益（百萬美元）	—	—
其他淨收入（百萬美元）	—	—
繼續營業部門淨利（百萬美元）	37,037	39,510
停業部門損益（百萬美元）	—	—
特別股股利和其他（百萬美元）	—	—
可供普通股股東使用的淨收益（百萬美元）	37,037	39,510
加權平均在外流通股票（百萬美元）	6,522	6,123
加權平均在外流通股票變動（%）	-1.45	-6.12
每股稅後盈餘（美元）	5.68	6.45
每股股利（美元）	1.64	1.82
股息發放率（%）	28.87	28.22

註：變數的數值是把 5 年中最高和最低的數字去掉後，取其 3 年平均　　資料來源：Zacks

——2013～2017年蘋果財務數據

財務年度			變數 （原參數→預估參數）
2015	2016	2017	
233,715	215,639	229,234	
27.86	-7.73	6.30	7.48 → 5.00
82,487	70,529	71,501	
35.29	32.71	31.19	32.80 → 32.00
71,230	60,024	61,344	
86.35	85.11	85.79	86.33 → 85.50
1,285	1,348	2,745	1,263
72,515	61,372	64,089	
19,121	15,685	15,738	
26.37	25.56	24.56	25.95 → 25.50
53,394	45,687	48,351	
—	—	—	
—	—	—	
53,394	45,687	48,351	
—	—	—	
—	—	—	
53,394	45,687	48,351	
5,793	5,500	5,252	
-5.38	-5.05	-4.51	-4.98 → -4.50
9.22	8.31	9.21	
1.98	2.18	2.40	
21.48	26.23	26.06	26.84

觀察 2016、2017 年，發現這項比率已經沒有 86.33% 這麼高，保守起見，我們將其下修至 85.5%。

4. 利息及其他非營業收入（interest and other non-operating income）：12 億 6,300 萬美元

因為利息及其他非營運收入跟營運不相關，不適合用比率計算，所以我們採用絕對數字。這部分的不確定性很高，不容易預測，所以我們就不進行調整，直接採用算出來的數字。

5. 有效稅率（effective tax rate）：25.5%

因為 2016、2017 年蘋果海外收入很多，2016 年稅率已經低於 25%，若用 25.95% 會太高，因此我們就採用 25.5%。

6. 加權平均在外流通股票變動（weighted average shares outstanding change）：-4.5%

因蘋果近幾年大量回購股票，流通股數減少，已沒有 -4.98% 那麼高，保守起見，我們將這項比率下修至每年減少 4.5%。

7. 股息發放率（payout ratio）：26.84%

股利是股東在持有股票期間真正可以得到的現金流，股息發放率計算公式為

「股息／EPS」，當我們預估出 EPS 後，就可以預估每年的股利。

步驟2》進行獲利預估

此階段要注意的是我們的預估週期為「年」，若公司產品的生命週期循環並非以年為單位，我們的預估質量就會下降；而預估期間的長短也會影響結果，通常會用 5 年或 10 年，期間太長的預估，準確性將會下降，但期間太短，終值占整體價值比率會偏高。

換句話説，如果用 1 年來看，我們根本不用做太多假設，直接猜 1 年之後的本益比就可以了，所以我認為，預估期間最好不要低於 5 年，但也不要高過 10 年。

在這個例子中，我採用的是 10 年，因為採用的是從上而下的預估，我設定公司總收入成長率會從步驟 1 假設的 5% 逐年降低至 3%。3% 是一個很好的指標，因為長期的 GDP 成長率大約就是 3% ～ 4%，若假設成長率高於 3%，就是期待公司在 10 年後仍能保持比 GDP 還高的成長率。

接著，我們可以利用步驟 1 的預估參數，推出未來 10 年的股利和 EPS（詳見表 2）。這個步驟最重要的目的，是要取得 2 個最重要的數字：未來 10 年的股利、10 年後的 EPS。

表2　利用預估參數，估算未來10年的股利、EPS

財務數據	變數	2018	2019
總收入（百萬美元）		240,696	252,249
總收入（％）	5.00	5.00	4.80
稅息折舊攤銷前獲利（百萬美元）		77,023	80,720
稅息折舊攤銷前獲利率（％）	32.00	32.00	32.00
稅息前獲利（百萬美元）		65,854	69,015
稅息前獲利占稅息折舊攤銷前獲利比重（％）	85.50	85.50	85.50
利息及其他非營業收入（百萬美元）	1,263	1,263	1,263
稅前收入（百萬美元）		67,117	70,278
公司所得稅（百萬美元）		17,115	17,921
有效稅率（％）	25.50	25.50	25.50
稅後淨利（百萬美元）		50,002	52,357
少數股東權益（百萬美元）		－	－
其他淨收入（百萬美元）		－	－
繼續營業部門淨利（百萬美元）		50,002	52,357
停業部門損益（百萬美元）		－	－
特別股股利和其他（百萬美元）		－	－
可供普通股股東使用的淨收益（百萬美元）		50,002	52,357
加權平均在外流通股票（百萬美元）		5,016	4,790
加權平均在外流通股票變動（％）	-4.50	-4.50	-4.50
每股稅後盈餘（美元）		9.97	10.93
每股股利（美元）		2.68	2.93
股息發放率（％）	26.84	26.84	26.84

註：此表為利用表1變數推估未來10年的預估值　　資料來源：Zacks

──預估2018～2027年蘋果財務數據

財務年度							
2020	2021	2022	2023	2024	2025	2026	2027
263,853	275,462	287,032	298,513	309,856	321,011	331,925	342,547
4.60	4.40	4.20	4.00	3.80	3.60	3.40	3.20
84,433	88,148	91,850	95,524	99,154	102,724	106,216	109,615
32.00	32.00	32.00	32.00	32.00	32.00	32.00	32.00
72,190	75,366	78,532	81,673	84,777	87,829	90,815	93,721
85.50	85.50	85.50	85.50	85.50	85.50	85.50	85.50
1,263	1,263	1,263	1,263	1,263	1,263	1,263	1,263
73,453	76,629	79,795	82,936	86,040	89,092	92,078	94,984
18,731	19,541	20,348	21,149	21,940	22,718	23,480	24,221
25.50	25.50	25.50	25.50	25.50	25.50	25.50	25.50
54,723	57,089	59,447	61,787	64,100	66,373	68,598	70,763
—	—	—	—	—	—	—	—
—	—	—	—	—	—	—	—
54,723	57,089	59,447	61,787	64,100	66,373	68,598	70,763
—	—	—	—	—	—	—	—
—	—	—	—	—	—	—	—
54,723	57,089	59,447	61,787	64,100	66,373	68,598	70,763
4,575	4,369	4,172	3,985	3,805	3,634	3,470	3,314
-4.50	-4.50	-4.50	-4.50	-4.50	-4.50	-4.50	-4.50
11.96	13.07	14.25	15.51	16.85	18.27	19.77	21.35
3.21	3.51	3.82	4.16	4.52	4.90	5.30	5.73
26.84	26.84	26.84	26.84	26.84	26.84	26.84	26.84

表3　**若終值達15倍本益比，便宜價為114.69美元**
——蘋果的價格區間

價格區間	本益比（倍）		
	12	15	20
便宜價（美元）	95.82	114.69	146.14
合理價（美元）	132.88	159.94	205.04
昂貴價（美元）	224.73	272.40	351.84

註：以便宜價折現率13%、合理價折現率9%、昂貴價折現率3%計算

步驟3》用DCF算出合理價位區間

依據表2，我們可以推算出蘋果未來10年的EPS平均年成長率約8.77%。假設終值可能達15倍本益比，得到的價格區間為114.69美元～272.4美元（詳見表3）。

以2018年2月2日收盤價160.5美元來看，股價與合理價相當，若以當時的市價買進，將沒有折價收益的空間。若10年後終值可達15倍本益比，在長期持有之下，還是有每年9%的預期報酬率，其中包含時間收益與成長收益，除此之外，還可以期待溢價收益。

善用DCF可以協助投資人判斷以何種價位買進股票，買進後可以期待的收益究竟來自何處，又應該在何種價格將股票賣出，並在股價沒有變貴之前繼續

表4 持有3M股票5年半，年化報酬率17.78%
——3M的價格區間

時間	當天收盤價（美元）	推估的價格區間（美元）			過去52週股價（美元）	
		便宜價	合理價	昂貴價	最低價	最高價
2012.10.26	88.03	78.86	108.81	182.88	82.51	95.37
2018.03.28	216.54	98.20	133.30	219.38	184.40	258.27

資料來源：Yahoo! Finance

持有以賺取時間收益，如此才能將收益最大化。

用 DCF 找到翻倍好股

知道如何運用 DCF 之後，以下我將要說明，我是如何利用 DCF 從道瓊工業平均指數的 30 家成分股中找到翻倍好股的。

案例1》3M（美股代號MMM）

2012 年 10 月 26 日，3M 的收盤價為 88.03 美元，已經接近便宜價 78.86 美元了。

2018 年 3 月 28 日，股價漲到 216.54 美元，已經逼近當時的昂貴價

表5　持有聯合健康保險股票4.75年，年化報酬率26%
——聯合健康保險的價格區間

時間	當天收盤價（美元）	推估的價格區間（美元）			過去52週股價（美元）	
		便宜價	合理價	昂貴價	最低價	最高價
2013.08.09	72.93	78.04	111.60	194.86	51.40	75.30
2018.03.28	218.50	126.80	176.20	298.79	160.39	249.96

資料來源：Yahoo! Finance

219.38 美元（詳見表4）。

　　若投資人賣在 216.54 美元，持有約 5 年半的時間，賺了約 146%（＝（216.54 美元／ 88.03 美元－ 1）×100%），年化報酬率 17.78%（＝（1 ＋ 146%）$^{(1/5.5)}$）。

案例2》聯合健康保險（UnitedHealth Group，美股代號UNH）

　　2013 年 8 月 9 日，聯合健康保險的收盤價為 72.93 美元，已經低於便宜價 78.04 美元了。即使沒買在當年最低價 51.36 美元，而是買在接近當年最高價 75.88 美元（2013 年 9 月 16 日盤中高點），效果一樣驚人。

　　2018 年 3 月 28 日，股價漲到 218.5 美元，昂貴價為 298.79 美元，以

	當天收盤價（美元）	推估的價格區間（美元）			過去52週股價（美元）	
時間		便宜價	合理價	昂貴價	最低價	最高價
2014.12.12	90.62	74.44	101.78	169.07	88.46	103.53
2018.03.28	158.41	73.04	98.40	160.33	125.52	177.56

表6　持有麥當勞股票3.33年，年化報酬率為18.26%
——麥當勞的價格區間

資料來源：Yahoo! Finance

過去 52 週股價最高一度達 249.96 美元來看，這檔股票還有 6.5% 的報酬率，可以繼續抱（詳見表 5）。

若投資人賣在 218.5 美元，持有約 4.75 年的時間，賺了約 200%（＝（218.5 美元／ 72.93 美元－ 1）×100%），年化報酬率 26%（＝（1 ＋ 200%）$^{(1／4.75)}$）。

案例3》麥當勞（McDonald's，美股代號MCD）

2014 年 12 月 12 日，麥當勞的收盤價為 90.62 美元，介於便宜價 74.44 美元和合理價 101.78 美元之間。

2018 年的 3 月 28 日，股價漲到 158.41 美元，已經逼近昂貴價 160.33

美元（詳見表6）。

若投資人賣在 158.41 美元，持有約 3.33 年的時間，賺了約 75%（＝（158.41 美元／90.62 美元－1）×100%），年化報酬率 18.26%（＝（1＋75%）$^{(1／3.33)}$）。

上述這幾檔股票都是所謂的「道瓊大牛股」，但它們過去幾年的股價表現，就像尾巴著火的牛一樣瘋狂奔跑。

在實戰中，買在最低價、賣在最高價是不容易的，但買在便宜價、賣在昂貴價卻是可行的，而且報酬一樣相當豐厚。

DCF估值因人而異
須隨季報調整參數

接下來要探討運用 DCF 時，有哪些該注意的地方。

注意 1》未來現金流與利率的影響

DCF 只是簡單的數學公式，理論上每個人算出來的數值應該都一樣，但實務上，DCF 會因為投資人對未來金流與利率預估的不同，而或多或少有些差距，有時甚至會出現相反的答案。

造成如此大差距的原因有 2：

原因1》未來現金流的預估

每個人對未來現金流的預估看法都不相同，就如同 5-3 的 J 公司，如果我們對其未來的成長率預估為 0，未來以本益比 12 倍賣出的昂貴價為 14.09 元

（詳見 5-3 表 4）；但若預期未來 10 年的 EPS 成長率為 10%，出場的本益比為 20 倍，此時便宜價為 18.61 元（詳見 5-3 表 6）。

因此，當 J 公司的股價為 14.09 元時，對有些人而言正是要賣出的價格，但對另外一些人而言，正是便宜買進的好價錢。

原因2》利率的預估

利率影響的層面有 2 個：折現率、終值的本益比。

當我們預估 10 年後的無風險利率為 3%，股票的昂貴價就可以用 3% 當折現率，終值設定在本益比 12 倍，則盈餘報酬率（earning yield）為 8.3%（＝ 1 ／ 12×100%），十分保守、安全。

若該公司 10 年後的每股稅後盈餘（EPS）為 1 元，每年配息 0.6 元，則我們可以估算出便宜價為 6.8 元、合理價為 8.95 元、昂貴價為 14.09 元。

但當我們預估 10 年後的無風險利率為 7%，保持相同的風險貼水，並將終值設定在本益比 10 倍，則盈餘報酬率為 10%（＝ 1 ／ 10×100%），即使對該公司的獲利預估相同，此時估值還是會產生很大的變化，新估出的便宜價為 4.88 元、合理價為 6.2 元、昂貴價為 9.3 元（詳見表 1）。

表1	無風險利率預估調升，價格區間則須下修

——無風險利率3% vs.7%的價格區間

無風險利率	終值本益比（倍）	便宜價（元）	合理價（元）	昂貴價（元）
3%	12	6.80	8.95	14.09
7%	10	4.88	6.20	9.30

上述兩個例子的比喻並不誇張，因為 1980 ～ 1985 年期間，美國 10 年期公債殖利率常在 10% 左右，更曾出現 15% 左右的高峰，和現在的 3% 殖利率有著巨大的差異。如果美國 10 年期公債殖利率有 15%，誰還要買股票？所以當美國 10 年期公債殖利率大幅提高時，折現率也要相對提高，便宜價、合理價和昂貴價都要大幅下修，否則風險會變高。

注意 2》DCF 估值是變動數字

在實戰當中，我們以 DCF 估出一檔股票的便宜價、合理價和昂貴價之後，並不代表這是一個固定的數字。當出現新的財報數字後，參數會有所變動，因此估出來的價格區間也會有所變動。美股公布財報是以「季」為單位，這也就是為何美股常在季報公布後常有暴漲暴跌的原因。

平心而論，新的財報數字有可能是變好，也可能是變壞，因此我們將探討在

不同情形下其價格區間的變動。

情況1》公司獲利能力逐年成長

同樣以J公司為例（未來10年，每年EPS為1元，每年股利0.6元，配息率60%），當第2年、第3年、第4年、第5年實際財報數字出來，我們發現公司獲利能力連年增長，此時就應該要調高未來的獲利預估，如此一來，每年預估出來的數字也會有所不同。以同樣持有10年、終值12倍本益比為例（詳見表2）：

第1年：EPS每年1元，以配息率60%計算，股利為0.6元，計算第1年到～第10年J公司的價格區間，可算出便宜價6.8元、合理價8.95元和昂貴價14.09元。

第2年：EPS每年1.2元，以配息率60%計算，股利為0.72元，計算第2年～第11年J公司的價格區間，可算出便宜價8.15元、合理價10.7元和昂貴價16.86元。

第3年：EPS每年1.5元，以配息率60%計算，股利為0.9元，計算第3年～第12年J公司的價格區間，可算出便宜價10.19元、合理價13.38元和昂貴價21.07元。

表2　公司獲利逐年成長，股價估值區間也隨之上升

——J公司獲利能力成長下的價格區間

價格區間	第1年	第2年	第3年	第4年	第5年
便宜價（元）	6.80	8.15	10.19	12.22	14.26
合理價（元）	8.95	10.70	13.38	16.06	18.73
昂貴價（元）	14.09	16.86	21.07	25.29	29.50

註：以便宜價折現率 13%、合理價折現率 9%、昂貴價折現率 3%、本益比 12 倍計算

第4年：EPS 每年 1.8 元，以配息率 60% 計算，股利為 1.08 元，計算第 4 年～第 13 年 J 公司的價格區間，可算出便宜價 12.22 元、合理價 16.06 元和昂貴價 25.29 元。

第5年：EPS 每年 2.1 元，以配息率 60% 計算，股利為 1.26 元，計算第 5 年～第 14 年 J 公司的價格區間，可算出便宜價 14.26 元、合理價 18.73 元和昂貴價 29.5 元。

因為公司的獲利能力連年增加，其內在價值也會隨之增加，所以估值區間也會逐年往上。我們看到表 2 中，J 公司第 1 年估出的昂貴價為 14.09 元，第 5 年的便宜價為 14.26 元，原本的天花板變成樓地板。如果我們採用歷史股價作為參考標準，未隨財報更新而改變參數，在第 5 年時，恐怕會將便宜價當成昂貴價。

我們來看一個實例。1995 年，華倫·巴菲特（Warren Buffett）用 23 億美元，買下蓋可（GEICO）剩下 50% 的股份，但在 1976 ～ 1980 年間，巴菲特只花了 4,700 萬美元就買下蓋可 1/3 的股份，後來因為股票回購，這 1/3 的股份變成了 50%，等於他用了近 50 倍的價格，才買到與原本（1976 ～ 1980 年）相同的股份。

因此，他在 2009 年波克夏海瑟威「致股東信」中，引用一段華爾街故事，自我解嘲：

客戶：謝謝你幫我用 5 美元買進了 XYZ 公司的股票，聽說，現在漲到 18 美元了。

營業員：是的，這才剛開始而已。事實上，這家公司表現相當好，現在用 18 美元買進，比你當初用 5 美元買進還划算。

客戶：可惡！早知道，應該等到現在才買。

公司在不同階段，可能因為獲利能力的不同而產生這種「股價 18 美元比 5 美元更划算」的怪現象，所以股票的買進、賣出，還是以內在價值與實際價格的差異作為參考，而非歷史股價比較合理。

情況2》公司獲利能力逐年下滑

表3　當公司獲利能力衰退，便宜價也會變成昂貴價

——J公司獲利能力衰退下的價格區間

價格區間	第1年	第2年	第3年	第4年	第5年
便宜價（元）	6.80	6.11	5.43	3.73	2.72
合理價（元）	8.95	8.03	7.14	4.91	3.57
昂貴價（元）	14.09	12.64	11.24	7.73	5.62

註：以便宜價折現率13%、合理價折現率9%、昂貴價折現率3%、本益比12倍計算

相反地，當一家公司的獲利能力逐漸下滑，其價值也會一起往下。以同樣持有10年、終值12倍本益比為例（詳見表3）：

第1年：EPS每年1元，以配息率60%計算，股利為0.6元，計算第1年～第10年J公司的價格區間，可算出便宜價6.8元、合理價8.95元和昂貴價14.09元。

第2年：EPS每年0.9元，以配息率60%計算，股利為0.54元，計算第2年～第11年J公司的價格區間，可算出便宜價6.11元、合理價8.03元和昂貴價12.64元。

第3年：EPS每年0.8元，以配息率60%計算，股利為0.48元，計算第3年～第12年J公司的價格區間，可算出便宜價5.43元、合理價7.14元和昂貴價

11.24 元。

第 4 年：EPS 每年 0.55 元，以配息率 60% 計算，股利為 0.33 元，計算第 4 年～第 13 年 J 公司的價格區間，可算出便宜價 3.73 元、合理價 4.91 元和昂貴價 7.73 元。

第5年：EPS 每年 0.4 元，以配息率 60% 計算，股利為 0.24 元，計算第 5 年～第 14 年 J 公司的價格區間，可算出便宜價 2.72 元、合理價 3.57 元和昂貴價 5.62 元。

當一家公司的獲利能力逐漸下滑，我們看到其便宜價、合理價、昂貴價的價格區間也會跟著改變。若 J 公司的 EPS 從 1 元（第 1 年）下滑到 0.4 元（第 5 年），原本的便宜價 6.79 元，到了第 5 年就會比其昂貴價 5.62 元還貴。

由此可知，若是新的財務數字改變，但 DCF 估值卻沒有改變的話，不論財務數字是變好或變壞，都容易使判斷失真。因此，投資人在計算美國公司的 DCF 時，務必要隨著每季的財務數字來改變參數。

第6篇

實戰運用
建立口袋名單

美股無漲跌幅限制
放空恐會賠上所有身家

　　在開始討論實戰運用之前，我要先灌輸大家一個非常重要的觀念，對散戶來說，放空非常難，「即使股價再不合理，都不要放空」。

　　美國股市有著各式各樣的情況，有些公司看起來要倒了，但突然有其他公司或私募基金出價購併，因為美股無漲跌幅限制，股價可能突然暴漲 3% ～ 50%，甚至直接漲破 100%，這些情形都是有可能發生的。一般而言，放空最高就是賺 1 倍，但賠率卻無上限！

　　舉例來說，電動車大廠特斯拉（Tesla，美股代號 TSLA）自 2010 年上市以來，每年都賠錢，每股稅後盈餘（EPS）都是負值（詳見圖 1）。如果要我給特斯拉一個合理價格，那就是「0 美元」。

　　很多人跟我有一樣的看法，而且也採取行動了。

圖1　近年來，特斯拉EPS均為負值
──2010～2018年特斯拉EPS

資料來源：Zacks

2017年4月，特斯拉股價突破300美元之後，很多人就放空它；但很快地，特斯拉的股價突破了380美元，放空的人因此賠了大錢，據說有好幾家機構投資人在那一波放空中，總共賠了10億美元，連專業投資機構放空都慘賠，更何況資訊較弱勢的散戶。

一直到2018年3月底，特斯拉的股價才跌破300美元，相信大多放空的人都沒能撐到這天（詳見圖2）。因此，千萬要記住，絕對不要因為看衰一家公司就放空它！

了解放空股票的極高風險以後，我們先整理一下在前面篇章中學到的6大選股重點，這會是投資人在美股中趨吉避凶的護身符。

1. 能力圈內的選股，從自己懂的產業或公司切入。

2. 尋找具備定價能力、具有護城河的公司。

3. 選擇「過去 5 年裡，公司的 ROE 至少有 4 年高於 15%」的好公司，若 ROE 為負值或算不出來，但淨利為正時，視為 ROE 超過 15%。此外，記得避開 ROE 高，但淨利下滑的公司。

4. 在合理價開始買進，便宜價以下買足，昂貴價時賣出。要記得，寧願用合理價買好公司，也不要用便宜價買普通公司。此外，若買足之後股價仍繼續下跌，無須再買。

5. 持股比率不低於所有資金的 25%，不高於 75%。除非手上的資金有超過 1/3 來自股市獲利，否則不要輕易嘗試 100% 的持股。

6. 持股數目可依個人偏好調整，但最好不要低於 5 檔股票，也不要高於 10 檔股票，我認為將資金分散到 8 檔股票是最適當的。

複習完 6 大選股重點以後，接著，就要來談一談大家在實戰時常常會有的迷思了。

圖2 **自2017年4月，特斯拉股價站穩300美元近1年**
——2017～2018年特斯拉股價走勢圖

2017 年 4 月開始放空特斯拉的投資人，要等到 2018 年 3 月底其股價跌破 300 美元才能獲利，但卻很少人能夠撐到這一天

註：1. 資料統計時間為 2017.01.09 ～ 2018.04.30；2. 單位為美元　　資料來源：Yahoo! Finance

找到好價格的好標的，就和它廝守到老

很多人都清楚，對於投資股票而言，股價高低絕對是影響獲利的關鍵，若是能用便宜價或合理價買到好公司當然最好，但實際上，我們總是在股票已經飆漲一段時間以後才注意到它，也因此常會有人悔恨地說「相見恨晚」，並開始問下一檔 XXX 在哪裡？這個 XXX 可以是蘋果（Apple，美股代號 AAPL）、亞馬遜（Amazon，美股代號 AMZN）、臉書（Facebook，美股代號 FB）……。

其實我跟所有人一樣，都想追求飆股，或許該說，我絕對比任何人都想追求

飆股。但所有偉大的公司，只有事後才知道它偉大，沒有辦法事先預知。就好像阿里巴巴在草創之際，有誰能料到它會成為中國互聯網的三大巨頭之一呢？

2005 年，阿里巴巴集團創辦人馬雲到美國矽谷（Silicom Valley）參訪時，雅虎（Yahoo!）創辦人楊致遠請他喝清酒。席間，楊致遠向馬雲提出入資 10 億美元的建議，這筆金額約莫等於阿里巴巴 40% 的股權。酒酣耳熱之際，馬雲接受了這項提議。

2014 年，馬雲花了 70 億美元，從雅虎手中買回阿里巴巴的部分股權；同年阿里巴巴到美國上市（美股代號 BABA），此時雅虎手上剩餘的阿里巴巴股票雖然比以前少，但價值已經高達數百億美元。

2017 年，雅虎賣掉了自己的主業（註 1），靠著阿里巴巴股票賺來的錢，改名為 Altaba 繼續存活，人稱「阿里他爸」。

事後回想起 2005 年與楊致遠的這筆交易，馬雲笑說：「這是我喝過有史以來最貴的清酒。」不過，馬雲也公允地說，2005 年投資 10 億美元在阿里巴巴，可是很高風險的一個決定。

註 1：編按：Verizon 以全現金交易方式，收購雅虎網路資產。

其實我認為，相見恨晚不算晚，任何時候都適合進場投資，因為市場上永遠有被低估的好標的在等著你發覺。

只是千萬要記住，當你找到一檔擁有好價格的好股票時，一定要懂得與這檔股票廝守到老；同樣道理，如果岳飛是個投資人，我會建議他媽媽在他背後刺上「長期持有」4 個字。

服務相關類型好公司
——餐飲、生活用品、零售百貨、服飾

6-1 提到了我認為投資人在實戰運用時必須注意的事情。接著，就來看看美國市場上有哪些好公司。

對於尋找好公司這件事情，股神華倫‧巴菲特（Warren Buffett）曾經說過一個笑話（註1）：

這位老先生是我們的榜樣。他在購物時，手推車不小心撞到了一個年輕人，這位老先生道歉並解釋，他與太太走散了，所以他正在尋找她；年輕人也說，他與太太恰好也走散了，他建議老先生可以和他一起尋找他們的太太，比較有效率。老先生同意了，並問年輕人他的太太長什麼樣子。

年輕人回答：「她是一位美麗的金髮女子，擁有令主教都想衝破彩繪玻璃窗的好身材，身上穿的是白色緊身短褲。那你的太太呢？」

老先生回答：「忘了她吧。讓我們一起去找你太太。」

因此，我們要做的，就是尋找那些能讓我們「想衝破彩繪玻璃窗」的好公司。以下提到的公司，全都是我在 2018 年 8 月發現的好公司，所以文中的「過去5 年」都是指 2013 ～ 2017 年。我把這些好公司分為 3 大類型：1. 服務相關；2. 工業相關；3. 其他。

本章我會先介紹服務相關的好公司（包含餐飲業、生活用品業、零售百貨業與服飾業等），其餘類型的好公司留到後面幾章一一介紹。

產業 1》餐飲業

在第 4 篇介紹如何閱讀財務報表時，我曾提過「餐飲業」是一個很好的突破口，而下列這些就是我利用「過去 5 年裡，公司的股東權益報酬率（ROE）至少有 4 年高於 15%」選股條件所找到的好公司，包括：星巴克（Starbucks，美股代號 SBUX）、荷美爾食品（Homel Foods，美股代號 HRL）、百勝餐飲集團（YUM! Brands，美股代號 YUM）、麥當勞（McDonald's，美股代號MCD）與好時（Hershey's，美股代號 HSY），分別介紹如下：

註 1：編按：語出 2006 年波克夏海瑟威「致股東信」。

1.星巴克（Starbucks，美股代號SBUX）

星巴克的歷年 ROE 為 2013 年 0.2%、2014 年 39.21%、2015 年 47.41%、2016 年 47.85% 和 2017 年 52.87%，符合「過去 5 年裡，公司的 ROE 至少有 4 年高於 15%」的選股標準。而且仔細研究後，發現星巴克 2013 年 ROE 低於 15%，是因為跟卡夫食品（Kraft Foods，美股代號 KRFT）解約賠錢，屬於一次性損益，不影響長期獲利能力，故可忽略。

星巴克主業為咖啡零售，根據該公司 2017 年財報，星巴克在全球 75 個國家有超過 2 萬 7,000 家，49% 為自營、51% 為授權加盟。目前（2018 年 8 月）營收最大來源仍是美國（占 70%），店家數超過 7,000 家，但公司策略是積極拓展中國市場，希望中國未來的店家數能從目前的近 1,400 家大幅成長，甚至能超過美國。我個人認為，這是該公司成長的機會，但如此大規模的投資風險也非常大。

若投資人在 2018 年 8 月 1 日以每股 51.93 美元買進星巴克，持有到 2019 年 2 月 28 日以 70.26 美元賣出，則持有 7 個月的報酬率約為 35.3%（＝（70.26 美元／ 51.93 美元－ 1）×100%）（詳見圖 1）。

2.荷美爾食品（Homel Foods，美股代號HRL）

荷美爾食品的歷年 ROE 為 2013 年 15.98%、2014 年 16.78%、2015

圖1 **2018年8月買進星巴克，7個月獲利約35.3%**
——2018～2019年星巴克股價走勢圖

SBUX 63.08

2018 年 8 月 1 日以每股 51.93
美元買進星巴克後，持有至 2019
年 2 月 28 日的報酬率約為 35.3%

註：1. 資料統計時間為 2018.07.02 ～ 2019.03.04；2. 單位為美元　　資料來源：Yahoo! Finance

年 17.18%、2016 年 20.01% 和 2017 年 17.15%，全都高於 15%，符合「過去 5 年裡，公司的 ROE 至少有 4 年高於 15%」的選股標準。

　　荷美爾食品主業為加工肉品製造，最有名的品牌為 SPAM 午餐肉，行銷全球 70 個國家。根據該公司 2017 年財報，荷美爾食品旗下有 35 個產品在各其領域中排行前 2。荷美爾食品的主要營收來源是冷凍及加工肉品（占 48%），主要市場為美國（占 94%）。

若投資人在 2018 年 8 月 1 日以每股 35.93 美元買進荷美爾食品，持有到 2019 年 2 月 28 日以 43.36 美元賣出，則持有 7 個月的報酬率約為 20.7%（＝（43.36 美元／ 35.93 美元－ 1 ）×100%）（詳見圖 2 ）。

3.百勝餐飲集團（YUM! Brands，美股代號YUM）

百勝餐飲集團的歷年 ROE 為 2013 年 47.73%、2014 年 62.72%、2015 年 95.56%，2016 年、2017 年的 ROE 雖然算不出來，但因為淨利皆為正值，故將之視為 ROE 超過 15%。由前述可知，百勝餐飲集團符合「過去 5 年裡，公司的 ROE 至少有 4 年高於 15%」的選股標準。

根據該公司 2017 年財報，旗下 3 大主要餐飲通路品牌肯德基（KFC）、塔可鐘（Taco Bell）與必勝客比薩（Pizza Hut）的營收占比，分別為 53%、32% 與 15%；2016 年年底，百勝餐飲集團已將中國業務分拆獨立為另一家百勝中國，因此目前（2018 年 8 月）百勝餐飲集團的營收數字皆不含中國。

百勝餐飲集團 3 大品牌，在全球 135 個國家約有 4 萬 5,000 家餐廳，其營收有 61% 來自自營、39% 來自加盟，但百勝餐飲集團預計未來會將加盟營收比率提升至 98%。

若投資人在 2018 年 8 月 1 日以每股 79.47 美元買進百勝餐飲集團，持

圖2 **2018年8月買進荷美爾食品，7個月獲利約20.7%**
——2018～2019年荷美爾食品股價走勢圖

2018 年 8 月 1 日 以 每 股
35.93 美元買進荷美爾食品後，
持有至 2019 年 2 月 28 日的
報酬率約為 20.7%

註：1. 資料統計時間為 2018.07.02 ～ 2019.03.04；2. 單位為美元　　　資料來源：Yahoo! Finance

有到 2019 年 2 月 28 日以 94.5 美元賣出，則持有 7 個月的報酬率約為
18.9%（＝（94.5 美元／79.47 美元－1）×100%）（詳見圖 3）。

4.麥當勞（McDonald's，美股代號MCD）

麥當勞的歷年 ROE 為 2013 年 34.89%、2014 年 37.02%、2015 年
63.9%，2016 年、2017 年的 ROE 雖然算不出來，但因為淨利皆為正值，
故將之視為 ROE 超過 15%。從前述可知，麥當勞符合「過去 5 年裡，公司的

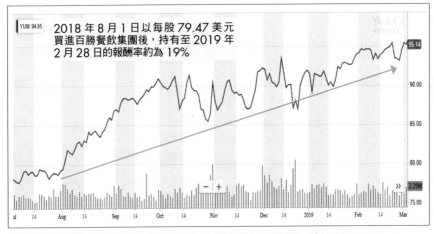

圖3 2018年8月買進百勝餐飲集團，7個月獲利約19%
——2018～2019年百勝餐飲集團股價走勢圖

> 2018 年 8 月 1 日以每股 79.47 美元
> 買進百勝餐飲集團後，持有至 2019 年
> 2 月 28 日的報酬率約為 19%

註：1. 資料統計時間為 2018.07.02 ～ 2019.03.04；2. 單位為美元　　資料來源：Yahoo! Finance

ROE 至少有 4 年高於 15%」的選股標準。

　　麥當勞的主業為速食業餐飲加盟，在全球超過 100 個國家，共有超過 3 萬 7,000 家餐廳，自營與加盟比率分別為 10% 及 90%。根據公司 2017 年財報的描述，未來加盟比率會提升至 95%。

　　從營收來看，目前麥當勞為全球最大餐飲集團，也是家喻戶曉的餐飲品牌。

圖4 **2018年8月買進麥當勞，7個月獲利約17.2%**
——2018～2019年麥當勞股價走勢圖

2018 年 8 月 1 日以每股 156.92 美元買進麥當勞後，持有至 2019 年 2 月 28 日的報酬率約為 17.2%

註：1. 資料統計時間為 2018.07.02 ～ 2019.03.04；2. 單位為美元　　資料來源：Yahoo! Finance

根據該公司 2017 年財報，麥當勞自營店的毛利率為 18%、加盟店的毛利率為 82%；若以地理區域來看，美國占該公司營收的 35%，為該公司最主要的市場。

若投資人在 2018 年 8 月 1 日以每股 156.92 美元買進麥當勞，持有到 2019 年 2 月 28 日以 183.84 美元賣出，則持有 7 個月的報酬率約為 17.2%（＝（183.84 美元／ 156.92 美元－ 1）×100%）（詳見圖 4）。

5.好時（Hershey's，美股代號HSY）

好時的歷年ROE為2013年50.77%、2014年55.74%、2015年48.97%、2016年86.99%和2017年81.21%，全都高於15%，符合「過去5年裡，公司的ROE至少有4年高於15%」的選股標準。

好時為北美最大巧克力製造商，主業為糖果、點心。根據該公司2017年財報，旗下有80個品牌，行銷全球80個國家。除此之外，好時也將某一些品牌授權給其他公司製造、行銷等，最著名的品牌即為Hershey's巧克力。目前好時的最大市場仍在北美，營收占比為88%。

若投資人在2018年8月1日以每股96.53美元買進好時，持有到2019年2月28日以110.68美元賣出，則持有7個月的報酬率約為14.7%（＝（110.68美元／96.53美元－1）×100%）（詳見圖5）。

產業2》生活用品業

生活用品業的好公司，包括：寶僑（Procter & Gamble，簡稱P&G，美股代號PG）、恰奇＆德懷特（Church & Dwight，美股代號CHD）、高樂氏（Clorox，美股代號CLX）、雅詩蘭黛（Estée Lauder，美股代號EL）和WD-40公司（WD-40 Company，美股代號WDFC），分別介紹如下：

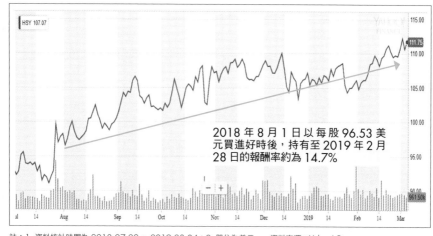

圖5　**2018年8月買進好時，7個月獲利約14.7%**
──2018～2019年好時股價走勢圖

2018 年 8 月 1 日以每股 96.53 美元買進好時後，持有至 2019 年 2月 28 日的報酬率約為 14.7%

註：1. 資料統計時間為 2018.07.02 ～ 2019.03.04；2. 單位為美元　　資料來源：Yahoo! Finance

1.寶僑（Procter & Gamble，簡稱P&G，美股代號PG）

寶 僑 的 歷 年 ROE 為 2013 年 16.21%、2014 年 15.48%、2015 年 13.37%、2016 年 18.94% 和 2017 年 20.08%，只 有 1 年 ROE 低 於 15%，符合「過去 5 年裡，公司的 ROE 至少有 4 年高於 15%」的選股標準。

寶僑為世界知名日用品製造商，產品包括洗髮精、洗衣精、衛生用品、家用清潔用品、個人清潔用品、保養品、嬰兒尿布等，行銷全球 180 個國家。根

據該公司 2017 年財報，寶僑營收占比最高的是家用品（占 32%），其次為美容保養（占 28%）；若以地理區域分，美國占 42%，非美國占 58%。

若投資人在 2018 年 8 月 1 日以每股 80.65 美元買進寶僑，持有到 2019 年 2 月 28 日以 98.55 美元賣出，則持有 7 個月的報酬率約為 22.2%（＝（98.55 美元／80.65 美元－1）×100%）（詳見圖 6）。

2.恰奇＆德懷特（Church & Dwight，美股代號CHD）

恰奇＆德懷特的歷年 ROE 為 2013 年 17.15%、2014 年 19.69%、2015 年 20.28%、2016 年 23.21% 和 2017 年 33.52%，全都高於 15%，符合「過去 5 年裡，公司的 ROE 至少有 4 年高於 15%」的選股標準。

恰奇＆德懷特的產品是家庭消費品、個人護理產品與專業清潔用品，也是全球碳酸氫鈉（註 2）的領導生產商。根據該公司 2017 年財報，其生產的小蘇打產品在美國市占率 86%，保險套銷量則占美國市場的 70% 以上，總計全公司有 11 個品牌在各其領域都是市占率第 1。以事業單位分，其營收主要來源，可分為美國本土消費品（占 76%）、國際消費品（占 16%）、特殊產品（占 8%）。

若投資人在 2018 年 8 月 1 日以每股 55.15 美元買進恰奇＆德懷特，持

圖6 **2018年8月買進寶僑，7個月獲利約22.2%**
——2018～2019年寶僑股價走勢圖

2018 年 8 月 1 日以每股 80.65 美元買進寶僑後，持有至 2019 年 2 月 28 日的報酬率約為 22.2%

PG 93.55

註：1. 資料統計時間為 2018.07.02 ～ 2019.03.04；2. 單位為美元　　資料來源：Yahoo! Finance

有到 2019 年 2 月 28 日以 65.8 美元賣出，則持有 7 個月的報酬率約為 19.3%（＝（65.8 美元／55.15 美元－1）×100%）（詳見圖7）。

3.高樂氏（Clorox，美股代號CLX）

高樂氏的歷年 ROE 為 2013 年 392.47%、2014 年 375.97%、2015 年

註2：俗稱小蘇打，化學式 NaHCO3。

圖7　2018年8月買進恰奇&德懷特，7個月獲利約19%
——2018~2019年恰奇&德懷特股價走勢圖

2018 年 8 月 1 日以每股 55.15 美元
買進恰奇 & 德懷特後，持有至 2019
年 2 月 28 日的報酬率約為 19%

註：1. 資料統計時間為 2018.07.02 ~ 2019.03.04；2. 單位為美元　　資料來源：Yahoo! Finance

513.56%、2016年218.18%和2017年129.7%，全都高於15%，符合「過去5年裡，公司的ROE至少有4年高於15%」的選股標準。

高樂氏為大型清潔用品公司，旗下最知名的品牌為Clorox漂白水，此外還有Brita濾水產品、Burt's Bees天然個人保養品等，行銷全球100個國家。

根據該公司2017年財報，高樂氏營收主要來自清潔用品（占34%）、家

圖8 **2018年8月買進高樂氏，7個月獲利約17.8%**
——2018～2019年高樂氏股價走勢圖

2018 年 8 月 1 日以每股 134.16 美元買進高樂氏後，持有至 2019 年 2 月 28 日的報酬率約為 17.8%

註：1.資料統計時間為 2018.07.02 ～ 2019.03.04；2.單位為美元　　資料來源：Yahoo! Finance

用品（占 33%）；以地理區域分，高樂氏的主要市場為美國（占 84%）。

　　若投資人在 2018 年 8 月 1 日以每股 134.16 美元買進高樂氏，持有到 2019 年 2 月 28 日以 158.03 美元賣出，則持有 7 個月的報酬率約為 17.8%（＝（158.03 美元／ 134.16 美元－ 1）×100%）（詳見圖 8）。

4.雅詩蘭黛（Estée Lauder，美股代號EL）

雅詩蘭黛的歷年 ROE 為 2013 年 31.01%、2014 年 31.25%、2015 年 29.94%、2016 年 31.25% 和 2017 年 28.53%，全都高於 15%，符合「過去 5 年裡，公司的 ROE 至少有 4 年高於 15%」的選股標準。

雅詩蘭黛旗下有 Estée Lauder、Clinique、Origins、MžAžC、Bobbi Brown、La Mer、Jo Malone London、Aveda 與 Too Faced 等多項知名品牌，行銷全球 150 個國家，目前僅次於法國萊雅（L'Oréal Paris）集團，為世界第 2 大美妝保養品公司。

根據該公司 2017 年財報，雅詩蘭黛的營收前 3 大占比分別為化妝品 43%、保養品 38%、香水 14%；若以地理區域分，美洲占 41%，歐洲、中東以及非洲占 39%，亞太則占 20%。

若投資人在 2018 年 8 月 1 日以每股 134.43 美元買進雅詩蘭黛，持有到 2019 年 2 月 28 日以 156.94 美元賣出，則持有 7 個月的報酬率約為 16.7%（＝（156.94 美元／ 134.43 美元－ 1）×100%）（詳見圖 9）。

5.WD-40公司（WD-40 Company，美股代號WDFC）

WD-40 公司的歷年 ROE 為 2013 年 22.18%、2014 年 25.82%、2015 年 28.38%、2016 年 37.49% 和 2017 年 37.97%，全都高於 15%，符合「過

圖9 **2018年8月買進雅詩蘭黛，7個月獲利約16.7%**
——2018～2019年雅詩蘭黛股價走勢圖

EL 126.89

2018 年 8 月 1 日以每股 134.43 美元買進雅詩蘭黛後，持有至 2019 年 2 月 28 日的報酬率約為 16.7%

註：1. 資料統計時間為 2018.07.02 ～ 2019.03.04；2. 單位為美元　　資料來源：Yahoo! Finance

去 5 年裡，公司的 ROE 至少有 4 年高於 15%」的選股標準。

WD-40 公司主要產品為養護產品（如噴霧型噴劑、非氣霧手扣型噴劑等）、家庭護理與清潔產品，還有針對特殊維護用途的專業級產品（如滲透修復劑、去油劑、抗腐蝕劑、潤滑劑、除鏽劑等）。其中，WD-40 是一種很難被嚴格歸類的特殊商品，可當作隔水抗鏽劑、輕度潤滑用油或溶劑等，擁有極高的知名度。

根據該公司 2017 年財報，WD-40 這項商品的營收有 3 億 8,000 萬美元，不算高，但是其特殊性能夠保持很好的長期獲利能力。WD-40 公司的營收來源，若以地理區域分，美洲占 49%，歐洲、中東及非洲占 36%，亞太則占 15%。

若投資人在 2018 年 8 月 1 日以每股 160.3 美元買進 WD-40 公司，持有到 2019 年 2 月 28 日以 178.97 美元賣出，則持有 7 個月的報酬率約為 11.6%（＝（178.97 美元／ 160.3 美元－ 1）×100%）（詳見圖 10）。

產業 3》零售百貨業

零售百貨業的好公司，包括：沃爾瑪（Walmart，美股代號 WMT）和達樂（Dollar General，美股代號 DG），分別介紹如下：

1.沃爾瑪（Walmart，美股代號WMT）

沃爾瑪的歷年 ROE 為 2013 年 21.66%、2014 年 20.35%、2015 年 19.57%、2016 年 18.04% 和 2017 年 17.75%，全都高於 15%，符合「過去 5 年裡，公司的 ROE 至少有 4 年高於 15%」的選股標準。

沃爾瑪是美國僱用員工數最多的公司，也是世界最大連鎖零售企業，全球

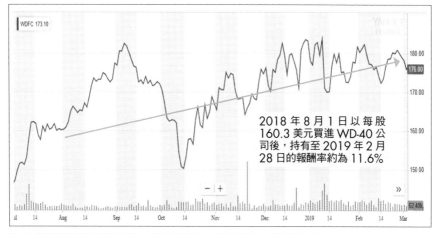

圖10 **2018年8月買進WD-40公司，7個月獲利約11.6%**
——2018～2019年WD-40公司股價走勢圖

2018 年 8 月 1 日以每股 160.3 美元買進 WD-40 公司後，持有至 2019 年 2 月 28 日的報酬率約為 11.6%

註：1. 資料統計時間為 2018.07.02 ～ 2019.03.04；2. 單位為美元　　資料來源：Yahoo! Finance

28 個國家中約有 1 萬 1,700 家店。

　　根據該公司 2018 年財報，沃爾瑪的營收來源可分為 Walmart 美國（占 64%）、Walmart 國際（占 24%）、會員制 Sam's Club（占 12%）；若以地理區域分，美國占 76%，其他區域則占 24%。

　　若投資人在 2018 年 8 月 1 日以每股 88.24 美元買進沃爾瑪，持有到

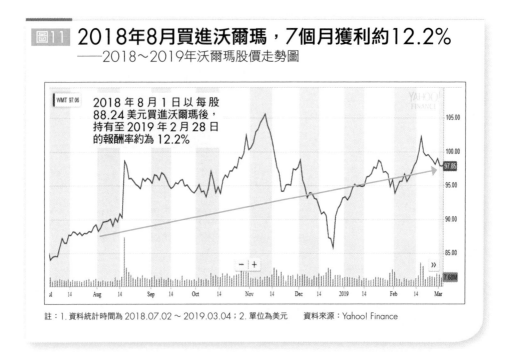

圖11 **2018年8月買進沃爾瑪，7個月獲利約12.2%**
——2018～2019年沃爾瑪股價走勢圖

2018 年 8 月 1 日以每股
88.24 美元買進沃爾瑪後，
持有至 2019 年 2 月 28 日
的報酬率約為 12.2%

註：1. 資料統計時間為 2018.07.02 ～ 2019.03.04；2. 單位為美元　　資料來源：Yahoo! Finance

2019年2月28日以98.99美元賣出，則持有7個月的報酬率約為12.2%（＝
（98.99美元／88.24美元－1）×100%）（詳見圖11）。

2.達樂（Dollar General，美股代號DG）

達樂的歷年ROE為2013年19.11%、2014年18.98%、2015年
18.66%、2016年21.66%和2017年23.14%，全都高於15%，符合「過
去5年裡，公司的ROE至少有4年高於15%」的選股標準。

圖12 **2018年8月買進達樂，7個月獲利約22.6%**
——2018～2019年達樂股價走勢圖

註：1. 資料統計時間為 2018.07.02 ～ 2019.03.04；2. 單位為美元　　資料來源：Yahoo! Finance

　　達樂在美國 44 個州中，有近 1 萬 5,000 家折扣商店，主要販售單價在 10 美元以下的商品。根據該公司 2017 年財報，達樂的營收來源，可分為消費品（占 77%）、季節商品（占 12%）、家用品（占 6%）與服飾（占 5%）。

　　若投資人在 2018 年 8 月 1 日以每股 96.65 美元買進達樂，持有到 2019 年 2 月 28 日以 118.46 美元賣出，則持有 7 個月的報酬率約為 22.6%（＝（118.46 美元／ 96.65 美元－ 1）×100%）（詳見圖 12）。

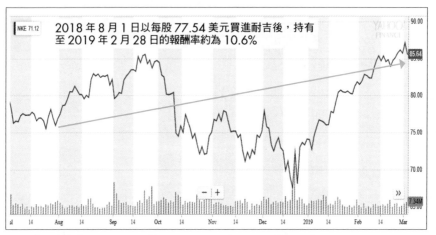

圖13　**2018年8月買進耐吉，7個月獲利約10.6%**
──2018～2019年耐吉股價走勢圖

NKE 71.12

2018 年 8 月 1 日以每股 77.54 美元買進耐吉後，持有
至 2019 年 2 月 28 日的報酬率約為 10.6%

註：1.資料統計時間為 2018.07.02 ～ 2019.03.04；2.單位為美元　　資料來源：Yahoo! Finance

產業4》服飾業

服飾業的好公司以耐吉（Nike，美股代號 NKE）為代表，介紹如下：

耐吉（Nike，美股代號NKE）

耐吉的歷年 ROE 為 2013 年 22.12%、2014 年 24.88%、2015 年
25.76%、2016 年 30.67% 和 2017 年 34.17%，全都高於 15%，符合「過

去 5 年裡，公司的 ROE 至少有 4 年高於 15%」的選股標準。

耐吉是全球著名的體育用品製造商，生產多元體育用品（如服裝、鞋類、運動器材等）。根據該公司 2017 年財報，旗下 2 大品牌 Nike 與 Converse 營收占比分別為 94% 與 6%；若以產品區分，鞋類占 61.37%、服飾占 28.1%、其他用品占 6.38%、器材占 4.15%；若以地理區域分，美國占 46%，其他區域則占 54%。

若投資人在 2018 年 8 月 1 日以每股 77.54 美元買進耐吉，持有到 2019 年 2 月 28 日以 85.73 美元賣出，則持有 7 個月的報酬率約為 10.6%（＝（85.73 美元／ 77.54 美元－ 1）×100%）（詳見圖 13）。

工業相關類型好公司
——工業、國防、鐵路、汽車修護

　　工業相關的好公司可區分成工業、國防產業、鐵路業和汽車修護業，分別介紹如下：

產業1》工業

　　工業的好公司包括：波爾包裝（Ball Corporation，美股代號BLL）、迪爾公司（Deere & Company，美股代號DE）、純正零件（Genuine Parts Company，美股代號GPC）和康明斯（Commins，美股代號CMI），分別介紹如下：

1.波爾包裝（Ball Corporation，美股代號BLL）

　　波爾包裝的歷年股東權益報酬率（ROE）為2013年30.69%、2014年40.17%、2015年24.03%、2016年7.51%和2017年9.39%。雖然過

去 5 年 ROE 有 2 年低於 15%，不符合「過去 5 年裡，公司的 ROE 至少有 4 年高於 15%」的選股標準，但波爾包裝長期在該領域具領導地位，所以仍保留持股繼續觀察。

波爾包裝主業為生產金屬包裝（如鐵鋁罐等），運用範圍涵蓋飲料、食品、個人用品、家用品等，主要客戶有可口可樂（Coca-Cola）、百威啤酒（Budweiser）、聯合利華（Unilever）等。

根據該公司 2017 年財報，營收來源可分為北中美洲飲料包裝（占 38%）、歐洲飲料包裝（占 22%）、南美洲飲料包裝（占 15%）、其他（占 15%）、食物及太空包裝事業（占 10%）。

若投資人在 2018 年 8 月 1 日以每股 39.33 美元買進波爾包裝，持有到 2019 年 2 月 28 日以 54.78 美元賣出，則持有 7 個月的報酬率約為 39.3%（＝（54.78 美元／ 39.33 美元－ 1）×100%）（詳見圖 1）。

2.迪爾公司（Deere & Company，美股代號DE）

迪爾公司的歷年 ROE 為 2013 年 34.45%、2014 年 34.89%、2015 年 28.72%、2016 年 23.30% 和 2017 年 22.58%，全都高於 15%，符合「過去 5 年裡，公司的 ROE 至少有 4 年高於 15%」的選股標準。

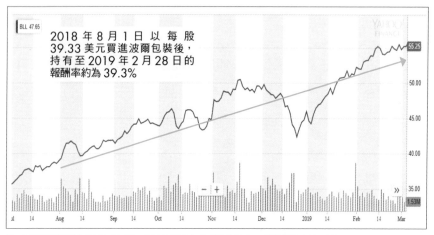

圖1 **2018年8月買進波爾包裝，7個月獲利約39.3%**
——2018～2019年波爾包裝股價走勢圖

註：1. 資料統計時間為 2018.07.02 ～ 2019.03.04；2. 單位為美元　　資料來源：Yahoo! Finance

　　迪爾公司為農業、建築、森林機械設備和柴油引擎等重工設備製造商。根據該公司 2017 年財報，營收主要來源可分為農業設備（占68%）、建築及林木設備（占 19%）、其他（占 13%）。

　　若投資人在 2018 年 8 月 1 日以每股 141.91 美元買進迪爾公司，持有到 2019 年 2 月 28 日以 164.04 美元賣出，則持有 7 個月的報酬率約為 15.6%（＝（164.04 美元／ 141.91 美元－ 1）×100%）（詳見圖 2）。

圖2　**2018年8月買進迪爾公司，7個月獲利約15.6%**
——2018～2019年迪爾公司股價走勢圖

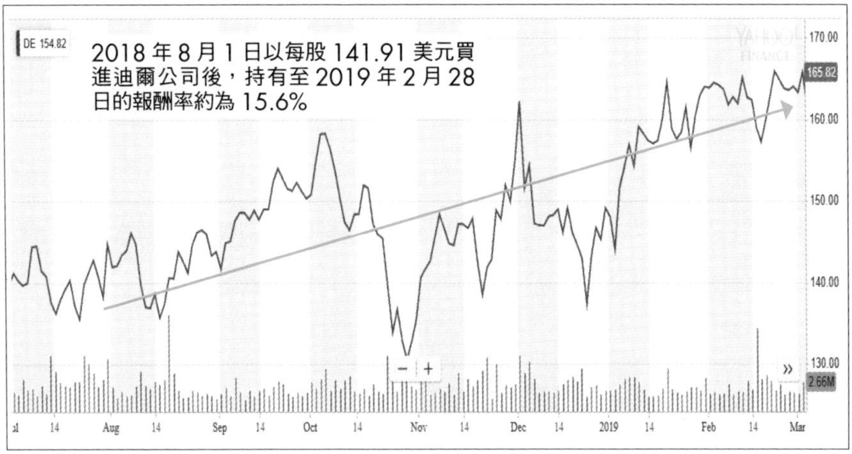

2018 年 8 月 1 日以每股 141.91 美元買進迪爾公司後，持有至 2019 年 2 月 28 日的報酬率約為 15.6%

註：1. 資料統計時間為 2018.07.02 ～ 2019.03.04；2. 單位為美元　　資料來源：Yahoo! Finance

3.純正零件（Genuine Parts Company，美股代號GPC）

純正零件的歷年 ROE 為 2013 年 20.39%、2014 年 21.47%、2015 年 22.34%、2016 年 21.43% 和 2017 年 17.80%，全都高於 15%，符合「過去 5 年裡，公司的 ROE 至少有 4 年高於 15%」的選股標準。

純正零件的主業為經銷汽車零件、工業零件、辦公用品及電子材料，在美國、加拿大、墨西哥、紐西蘭、澳洲、歐洲等地共有 3,100 多個經銷點。

根據該公司 2017 年財報，營收來源可分為汽車零件（占 53%）、工業零件（占 31%）、辦公室用品（占 12%）、其他（占 4%）；若以地理區域分，美國占 82%、加拿大占 10%、澳洲占 7%、歐洲占 1%，至於墨西哥與紐西蘭，可能因為占比較小，財報中並無揭露。

若投資人在 2018 年 8 月 1 日以每股 97.15 美元買進純正零件，持有到 2019 年 2 月 28 日以 108.78 美元賣出，則持有 7 個月的報酬率約為 12%（＝（108.78 美元／ 97.15 美元－ 1）×100%）（詳見圖 3）。

4.康明斯（Commins，美股代號CMI）

康明斯的歷年 ROE 為 2013 年 20.18%、2014 年 21.45%、2015 年 18.97%、2016 年 20.30% 和 2017 年 12.18%，只有 1 年 ROE 低於 15%，符合「過去 5 年裡，公司的 ROE 至少有 4 年高於 15%」的選股標準。

康明斯的主要業務是設計、製造、銷售柴油及天然氣引擎，在業界具有領導地位。鐵道迷口中的「固敏式引擎」，其引擎就是出自於該公司。

根據該公司 2017 年財報，營收主要來源可分為引擎（占 34%）、經銷（占 27%）、零件（占 23%）、發電系統（占 16%）；若以地理區域分，美國占 54，其他區域則占 46%。

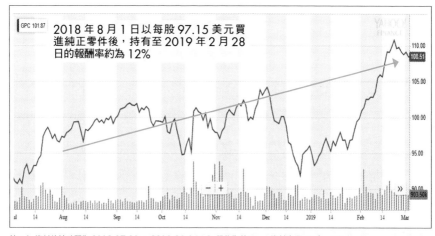

圖3 2018年8月買進純正零件，7個月獲利約12%
──2018～2019年純正零件股價走勢圖

註：1. 資料統計時間為 2018.07.02 ～ 2019.03.04；2. 單位為美元　　資料來源：Yahoo! Finance

　　若投資人在 2018 年 8 月 1 日以每股 139.72 美元買進康明斯，持有到 2019 年 2 月 28 日以 154.09 美元賣出，則持有 7 個月的報酬率約為 10.3%（＝（154.09 美元／ 139.72 美元－ 1）×100%）（詳見圖 4）。

產業 2》國防產業

　　國防產業僅波音（The Boeing Company，美股代號 BA）表現較佳，介紹如下：

波音（The Boeing Company，美股代號BA）

波音的歷年 ROE 為 2013 年 30.58%、2014 年 61.96%、2015 年 80.91%、2016 年 558.15% 和 2017 年 1,989.56%，全都高於 15%，符合「過去 5 年裡，公司的 ROE 至少有 4 年高於 15%」的選股標準。

波音是全球最知名的商用客機製造商，旗下包括 737 單走道客機，以及 747、767、777、787 等廣體機型；此外，波音也生產 F-18、F-15 等戰鬥機以及飛彈等。根據該公司 2017 年財報，營收主要來源可分為商用客機（占 61%）、國防航太及安全（占 23%）、全球服務（占 16%）；若以地理區域分，美國占 45%、中東占 13%、歐洲占 12%、亞洲占 10%（中國除外）、其他區域占 20%；若以收入型態分，產品占 89%，服務則占 11%。

若投資人在 2018 年 8 月 1 日以每股 352.76 美元買進波音，持有到 2019 年 2 月 28 日以 439.96 美元賣出，則持有 7 個月的報酬率約為 24.7%（=（439.96 美元／352.76 美元－1）×100%）（詳見圖 5）。

產業 3》鐵路業

鐵路業僅聯合太平洋鐵路（Union Pacific Railroad，美股代號 UNP）表現較佳，介紹如下：

圖4 **2018年8月買進康明斯，7個月獲利約10.3%**
——2018～2019年康明斯股價走勢圖

2018 年 8 月 1 日以每股 139.72 美元買進康明斯後，持有至 2019 年 2 月 28 日的報酬率約為 10.3%

註：1. 資料統計時間為 2018.07.02 ～ 2019.03.04；2. 單位為美元　　資料來源：Yahoo! Finance

聯合太平洋鐵路（Union Pacific Railroad，美股代號UNP）

聯合太平洋鐵路的歷年 ROE 分別為 2013 年 20.67%、2014 年 24.45%、2015 年 23.05%、2016 年 21.24% 和 2017 年 43.10%，全部都高於 15%，符合「過去 5 年裡，公司的 ROE 至少有 4 年高於 15%」的選股標準。

聯合太平洋鐵路連結了美國西部 23 州的鐵路運輸，網路涵蓋 2/3 美國國土。

圖5 2018年8月買進波音，7個月獲利約24.7%
──2018～2019年波音股價走勢圖

註：1.資料統計時間為2018.07.02～2019.03.04；2.單位為美元　資料來源：Yahoo! Finance

　　根據該公司 2017 年財報，聯合太平洋鐵路的貨運物品占營收比率為工業產品 21%、貨櫃聯運 19%、農產品 19%、化學原料 18%、煤礦 13%、汽車 10%。

　　若投資人在 2018 年 8 月 1 日以每股 148.37 美元買進聯合太平洋鐵路，持有到 2019 年 2 月 28 日以 167.7 美元賣出，則持有 7 個月的報酬率約為 13%（＝（167.7 美元／ 148.37 美元－ 1）×100%）（詳見圖 6）。

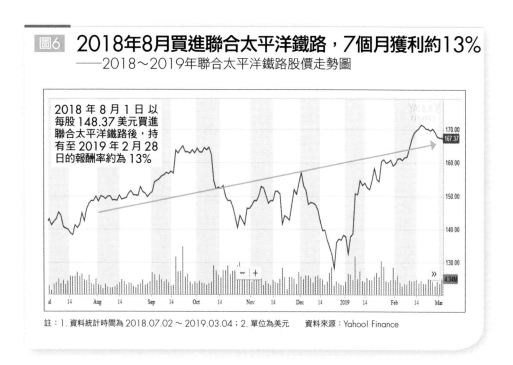

圖6 **2018年8月買進聯合太平洋鐵路，7個月獲利約13%**
——2018～2019年聯合太平洋鐵路股價走勢圖

> 2018 年 8 月 1 日以每股 148.37 美元買進聯合太平洋鐵路後，持有至 2019 年 2 月 28 日的報酬率約為 13%

註：1. 資料統計時間為 2018.07.02 ～ 2019.03.04；2. 單位為美元　資料來源：Yahoo! Finance

產業 4》汽車修護業

汽車修護業的好公司，包括：汽車地帶（AutoZone，美股代號 AZO）、奧賴利汽車公司（O'Reilly Automotive，美股代號 ORLY），分別介紹如下：

1.汽車地帶（AutoZone，美股代號AZO）

汽車地帶 2013 ～ 2017 年的 ROE 雖然算不出來，但因為淨利皆為正值，

圖7 2018年8月買進汽車地帶，7個月獲利約33.9%
——2018～2019年汽車地帶股價走勢圖

2018 年 8 月 1 日以每股 701.3 美元買進汽車地帶後，持有至 2019 年 2 月 28 日的報酬率約為 33.9%

註：1. 資料統計時間為 2018.07.02 ～ 2019.03.04；2. 單位為美元　　資料來源：Yahoo! Finance

---

故將之視為 ROE 超過 15%，因此符合「過去 5 年裡，公司的 ROE 至少有 4 年高於 15%」的選股標準。

汽車地帶是美國汽車修護零附件銷售通路龍頭，商品從一般轎車到輕型卡車的維修保養品都有，亦提供信用服務給一些向它們購買商品的小型修車廠或公家單位；此外，汽車地帶也銷售汽車診斷與修護軟體。根據該公司 2017 年財報，汽車地帶在美國、巴西、墨西哥等地約有 5,800 家店，主要目標為 DIY

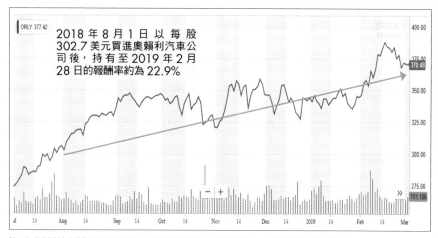

圖8 **2018年8月買進奧賴利汽車，7個月獲利約22.9%**
——2018～2019年奧賴利汽車公司股價走勢圖

註：1. 資料統計時間為 2018.07.02 ～ 2019.03.04；2. 單位為美元　　資料來源：Yahoo! Finance

及 DIFM（為我服務）兩種客群，但仍以前者為主。

若投資人在 2018 年 8 月 1 日以每股 701.3 美元買進，持有到 2019 年 2 月 28 日以 938.97 美元賣出，則持有 7 個月的報酬率約為 33.9%（＝（938.97 美元／701.3 美元－1）×100%）（詳見圖 7）。

2.奧賴利汽車公司（O'Reilly Automotive，美股代號ORLY）

　　奧賴利汽車公司的歷年 ROE 為 2013 年 34.09%、2014 年 38.55%、2015 年 47.48%、2016 年 63.77% 和 2017 年 173.62%，全都高於 15%，符合「過去 5 年裡，公司的 ROE 至少有 4 年高於 15%」的選股標準。

　　奧賴利汽車公司經營模式與汽車地帶類似，是美國第 2 大汽車修護零附件銷售通路。根據該公司 2017 年財報，奧賴利汽車在美國 47 州有 5,019 家店，主要目標為 DIY 及 DIFM 兩種客群，DIFM 的市占率比汽車地帶高。

　　若投資人在 2018 年 8 月 1 日以每股 302.7 美元買進奧賴利汽車公司，持有到 2019 年 2 月 28 日以 371.96 美元賣出，則持有 7 個月的報酬率約為 22.9%（＝（371.96 美元／ 302.7 美元－ 1）×100%）（詳見圖 8）。

其他類型好公司
——金融、科技、醫療、其他

其他類型的好公司可區分成金融業、科技業、醫療業和其他，分別介紹如下：

產業 1》金融業

金融業的好公司，包括：自動資料處理公司（Automatic Data Processing，美股代號 ADP）、金融服務公司（Fiserv，美股代號 FISV）、沛齊（Paychex，美股代號 PAYX）、萬事達卡（Mastercard，美股代號 MA）、Visa（美股代號 V），分別介紹如下：

1.自動資料處理公司（Automatic Data Processing，美股代號ADP）

自動資料處理公司的歷年 ROE 為 2013 年 18.13%、2014 年 18.63%、2015 年 28.63%、2016 年 33.32% 和 2017 年 43.59%，全都高於 15%，符合「過去 5 年裡，公司的 ROE 至少有 4 年高於 15%」的選股標準。

　　自動資料處理公司是企業外包事業的先驅者，目前是全球人力資本管理解決方案最大供應商，專門幫企業主處理行政管理的雜務，例如薪資單、差勤、保險、福利、退休管理等。

　　根據該公司 2017 年財報，自動資料處理公司在全球 110 個國家，從大企業到小公司，約有 70 萬名客戶；此外，自動資料處理公司所提供的美國就業數據，是除了官方之外最具權威的數字，影響力可見一斑。

　　自動資料處理公司營收的主要來源，可分為服務各種客戶的人力資本管理（HCM，占 77%）、以專業人士中小企業為主的專業雇主組織（占 23%，註 1）；若以地理區域分，美國占 85%、歐洲占 9%、其他占 4%、加拿大占 2%。

　　若投資人在 2018 年 8 月 1 日以每股 132.61 美元買進自動資料處理公司，持有到 2019 年 2 月 28 日以 153.03 美元賣出，則持有 7 個月的報酬率約為 15.4%（＝（153.03 美元／ 132.61 美元－ 1）×100%）（詳見圖 1）。

2.金融服務公司（Fiserv，美股代號FISV）

　　金融服務公司的歷年 ROE 為 2013 年 18.13%、2014 年 22.88%、2015 年 34.96%、2016 年 28.02% 和 2017 年 45.11%，全都高於 15%，符合「過

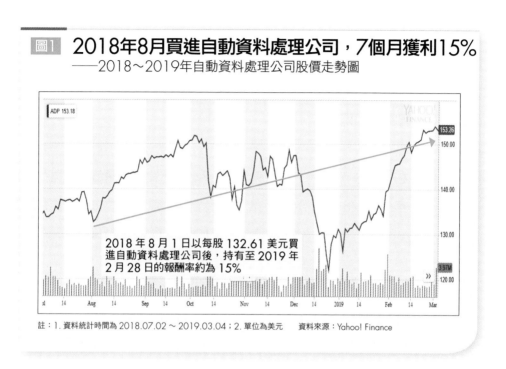

圖1 **2018年8月買進自動資料處理公司，7個月獲利15%**
——2018～2019年自動資料處理公司股價走勢圖

> 2018 年 8 月 1 日以每股 132.61 美元買進自動資料處理公司後，持有至 2019 年 2 月 28 日的報酬率約為 15%

註：1. 資料統計時間為 2018.07.02～2019.03.04；2. 單位為美元　　資料來源：Yahoo! Finance

去 5 年裡，公司的 ROE 至少有 4 年高於 15%」的選股標準。

根據該公司 2017 年財報，金融服務公司全球有 1 萬 2,000 多名客戶，包括銀行、信用聯盟、投資管理公司、租賃服務公司、帳單公司、零售業等。主要業務為提供帳戶處理系統，電子支付，包括電子帳單、信用卡轉帳、ACH

註 1：專業雇主組織（Professional Employer Organization，簡稱 PEO），工作性質與人力派遣相似。

轉帳、網路及行動銀行等，並提供對帳單或帳單產生、寄送服務。

　　金融服務公司的主要市場還是美國（占95%）；至於營收來源，付款服務占57%、財務相關占43%。

　　若投資人在2018年8月1日以每股74.74美元買進金融服務公司，持有到2019年2月28日以84.69美元賣出，則持有7個月的報酬率約為13.3%（＝（84.69美元／74.74美元－1）×100%）（詳見圖2）。

3.沛齊（Paychex，美股代號PAYX）

　　沛齊的歷年ROE為2013年32.08%、2014年35.31%、2015年37.8%、2016年39.59%和2017年41.8%，全都高於15%，符合「過去5年裡，公司的ROE至少有4年高於15%」的選股標準。

　　沛齊的經營項目和自動資料處理公司類似，都有幫客戶處理薪資單、保險、退休等行政事務，但不同的是，沛齊只專營中小企業。根據該公司2017年財報，沛齊的主要市場為美國和德國，營收來源為薪資單服務（占58%）、人力資源管理服務（占42%）。

　　若投資人在2018年8月1日以每股68.67美元買進沛齊，持有到2019

圖2 **2018年8月買進金融服務，7個月獲利約13.3%**
——2018～2019年金融服務公司股價走勢圖

2018 年 8 月 1 日以每股 74.74 美元買進
金融服務公司後，持有至 2019 年 2 月 28
日的報酬率約為 13.3%

註：1. 資料統計時間為 2018.07.02～2019.03.04；2. 單位為美元　　資料來源：Yahoo! Finance

年 2 月 28 日以 77.02 美元賣出，則持有 7 個月的報酬率約為 12.2%（＝（77.02 美元／68.67 美元－1）×100%）（詳見圖3）。

4.萬事達卡（Mastercard，美股代號MA）

　萬事達卡的歷年 ROE 為 2013 年 41.57%、2014 年 53%、2015 年 62.82%、2016 年 71.41% 和 2017 年 71.22%，全都高於 15%，符合「過去 5 年裡，公司的 ROE 至少有 4 年高於 15%」的選股標準。

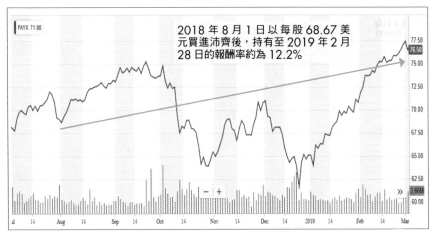

圖3 2018年8月買進沛齊，7個月獲利約12.2%
——2018～2019年沛齊股價走勢圖

2018 年 8 月 1 日以每股 68.67 美元買進沛齊後，持有至 2019 年 2 月 28 日的報酬率約為 12.2%

註：1. 資料統計時間為 2018.07.02 ～ 2019.03.04；2. 單位為美元　　資料來源：Yahoo! Finance

萬事達卡提供商店、銀行以及消費者之間的授權、清算等各種服務。

根據該公司 2017 年財報，萬事達卡的營收來源，可分為交易處理（占 33.73%）、境內評估（占 27.97%）、跨境交易量（占 22.75%）與其他（占 15.55%）。

若投資人在 2018 年 8 月 1 日以每股 201.2 美元買進萬事達卡，持有

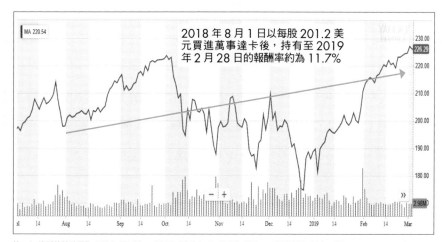

圖4 **2018年8月買進萬事達卡，7個月獲利約11.7%**
——2018～2019年萬事達卡股價走勢圖

2018 年 8 月 1 日以每股 201.2 美元買進萬事達卡後，持有至 2019 年 2 月 28 日的報酬率約為 11.7%

註：1. 資料統計時間為 2018.07.02 ～ 2019.03.04；2. 單位為美元　　資料來源：Yahoo! Finance

到 2019 年 2 月 28 日以 224.77 美元賣出，則持有 7 個月的報酬率約為 11.7%（＝（224.77 美元／ 201.2 美元－1）×100%）（詳見圖4）。

5.Visa（美股代號V）

Visa 的 歷 年 ROE 為 2013 年 18.53%、2014 年 19.84%、2015 年 21.21%、2016 年 22.03% 和 2017 年 24.60%，全都高於 15%，符合「過去 5 年裡，公司的 ROE 至少有 4 年高於 15%」的選股標準。

Visa 是全球支付產業龍頭，服務範圍涵蓋全球 200 個以上的國家及地區，提供商店、銀行、消費者之間的授權、清算等服務。根據該公司 2017 年財報，Visa 的營收來源可分為服務收入（占 34.79%）、資料處理（占 33.97%）、國際交易（占 27.57%）與其他（占 3.67%）。

若投資人在 2018 年 8 月 1 日以每股 138.25 美元買進 Visa，持有到 2019 年 2 月 28 日以 148.12 美元賣出，則持有 7 個月的報酬率約為 7.1%（＝（148.12 美元／ 138.25 美元－ 1）×100%）（詳見圖 5）。

產業 2》科技業

科技業的好公司為直覺軟體公司（Intuit，美股代號 INTU）和甲骨文（Oracle，美股代號 ORCL），分別介紹如下：

1.直覺軟體公司（Intuit，美股代號INTU）

直覺軟體公司的歷年 ROE 為 2013 年 22.85%、2014 年 27.71%、2015 年 17.71%、2016 年 69.42% 和 2017 年 71.71%，全都高於 15%，符合「過去 5 年裡，公司的 ROE 至少有 4 年高於 15%」的選股標準。

直覺軟體公司主要提供一般顧客、小公司、自營商財務管理與法律遵循軟體

圖5 **2018年8月買進Visa，7個月獲利約7.1%**
——2018～2019年Visa股價走勢圖

2018 年 8 月 1 日以每股 138.25 美元買進 Visa 後，持有至 2019 年 2 月 28 日的報酬率約為 7.1%

註：1. 資料統計時間為 2018.07.02 ～ 2019.03.04；2. 單位為美元　　資料來源：Yahoo! Finance

服務，也提供特製稅務產品給專業會計師，旗艦產品 QuickBooks、TurboTax 服務超過 4,200 萬名客戶。根據該公司 2017 年財報，直覺軟體公司的營收來源，可分為服務（占 73%）、產品（占 27%）。

若投資人在 2018 年 8 月 1 日以每股 204.26 美元買進直覺軟體公司，持有到 2019 年 2 月 28 日以 247.13 美元賣出，則持有 7 個月的報酬率約為 21%（＝（247.13 美元／ 204.26 美元－1）×100%）（詳見圖 6）。

圖6 2018年8月買進直覺軟體公司，7個月獲利約21%
——2018～2019年直覺軟體公司股價走勢圖

2018 年 8 月 1 日以每股 204.26 美元買進直覺軟體公司後，持有至 2019 年 2 月 28 日的報酬率約為 21%

註：1.資料統計時間為 2018.07.02 ～ 2019.03.04；2.單位為美元　　資料來源：Yahoo! Finance

2.甲骨文（Oracle，美股代號ORCL）

甲骨文的歷年 ROE 為 2013 年 24.2%、2014 年 23.09%、2015 年 20.24%、2016 年 18.63% 和 2017 年 17.21%，全都高於 15%，符合「過去 5 年裡，公司的 ROE 至少有 4 年高於 15%」的選股標準。

甲骨文的產品與服務，涵蓋幾乎所有 IT（資訊科技）相關的事務，包括應用軟體、平台與基礎架構等，目前服務超過 40 萬名客戶。根據該公司 2017

圖7 **2018年8月買進甲骨文，7個月獲利約10.1%**
——2018～2019年甲骨文股價走勢圖

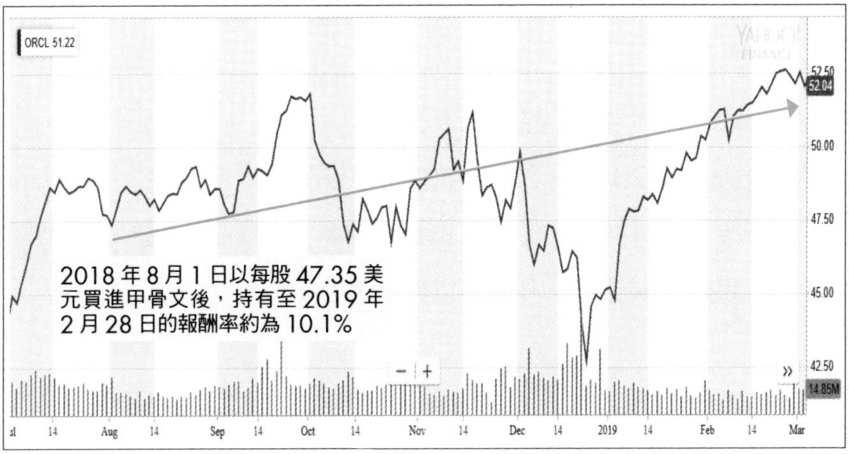

ORCL 51.22

2018 年 8 月 1 日以每股 47.35 美元買進甲骨文後，持有至 2019 年 2 月 28 日的報酬率約為 10.1%

註：1. 資料統計時間為 2018.07.02 ～ 2019.03.04；2. 單位為美元　　資料來源：Yahoo! Finance

年財報，甲骨文的營收來源可分為雲端及就地軟體（占 80%）、硬體（占 11%）與服務（占 9%）；若以地理區域分，美國占 47%、英國占 5%、日本占 4%、其他占 44%。

　　若投資人在 2018 年 8 月 1 日以每股 47.35 美元買進甲骨文，持有到 2019 年 2 月 28 日以 52.13 美元賣出，則持有 7 個月的報酬率約為 10.1%（＝（52.13 美元／ 47.35 美元－ 1）×100%）（詳見圖 7）。

產業 3》醫療業

醫療業的好公司以 HCA Healthcare（美股代號 HCA）為代表，介紹如下：

HCA Healthcare（美股代號HCA）

HCA Healthcare 2013～2017年的 ROE 皆為負值，不符合「過去 5 年裡，公司的 ROE 至少有 4 年高於 15%」的選股標準，但這情況主要是因為股票回購造成，期間淨利仍為正值，所以可以持續關注。

HCA Healthcare 為美國最大連鎖醫院集團，在美國以及英國共有 179 家醫院。根據該公司 2017 年財報，營收來源主要為病人的各種不同健保給付，其中聯邦醫療保險（註 2）占 22%、管理式聯邦醫療保險（Managed Medicare）占 11%、醫療補助措施（Medicaid）占 4%、管理式醫療補助措施（Managed Medicaid）占 5%、管理式照護服務（Managed Care）和其他保險公司占 57%、國際 3%、其他 8%，合計為 110%（其中還包含呆帳準備金 10%）。

若投資人在 2018 年 8 月 1 日以每股 124.58 美元買進 HCA Healthcare，持有到 2019 年 2 月 28 日以 139.04 美元賣出，則持有 7 個月的報酬率約為 11.6%（＝（139.04 美元／124.58 美元－1）×100%）（詳見圖 8）。

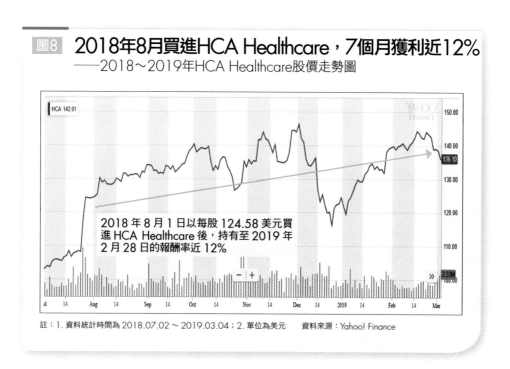

圖8　2018年8月買進HCA Healthcare，7個月獲利近12%
——2018～2019年HCA Healthcare股價走勢圖

2018 年 8 月 1 日以每股 124.58 美元買進 HCA Healthcare 後，持有至 2019 年 2 月 28 日的報酬率近 12%

註：1. 資料統計時間為 2018.07.02 ～ 2019.03.04；2. 單位為美元　　資料來源：Yahoo! Finance

產業 4》其他產業

　　除了前文介紹的好公司以外，其他產業也有不少好公司，包括威訊通訊（Verizon Communications，美股代號 VZ）和 Rollins（美股代號 ROL），分別介紹如下：

註 2：聯邦醫療保險（Medicare），俗稱「紅藍卡」，是國家為 65 歲以上民眾所設置的醫療保險計畫。

1.威訊通訊（Verizon Communications，美股代號VZ）

威訊通訊的歷年 ROE 為 2013 年 24.68%、2014 年 87.42%、2015 年 102.99%、2016 年 56.62% 和 2017 年 68.36%，全都高於 15%，符合「過去 5 年裡，公司的 ROE 至少有 4 年高於 15%」的選股標準。

威訊通訊是美國最大的無線通訊服務供應商，根據該公司 2017 年財報，其 4G（第 4 代行動通訊技術標準）服務在美國的涵蓋率為 98%，用戶超過 1 億多名，而旗下的 Fios TV 訂戶也有 458 萬戶。威訊通訊的營收來源，可分為服務部分（占 85%）、通訊設備（占 15%）。

若投資人在 2018 年 8 月 1 日以每股 51.73 美元買進威訊通訊，持有到 2019 年 2 月 28 日以 56.92 美元賣出，則持有 7 個月的報酬率約為 10%（＝（56.92 美元／ 51.73 美元－ 1）×100%）（詳見圖 9）。

2.Rollins（美股代號ROL）

Rollins 的 歷 年 ROE 為 2013 年 28.14%、2014 年 29.75%、2015 年 29.03%、2016 年 29.44% 和 2017 年 27.39%，全都高於 15%，符合「過去 5 年裡，公司的 ROE 至少有 4 年高於 15%」的選股標準。

因為美國木造房屋很多，所以「除白蟻」成為一個必需的獨特產業，而

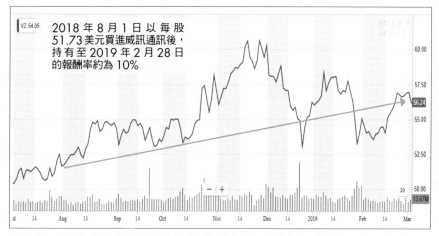

圖9 **2018年8月買進威訊通訊，7個月獲利約10%**
——2018～2019年威訊通訊股價走勢圖

2018 年 8 月 1 日以每股
51.73 美元買進威訊通訊後，
持有至 2019 年 2 月 28 日
的報酬率約為 10%

註：1. 資料統計時間為 2018.07.02 ～ 2019.03.04；2. 單位為美元　　資料來源：Yahoo! Finance

Rollins 就是以提供蟲害和白蟻控制服務為主。根據該公司 2017 年財報，該公司除了一般居家客戶以外，也有企業戶；此外，除了美國，公司在中南美、加勒比海、中東、歐洲、非洲與亞洲等也都有相關業務。

若投資人在 2018 年 8 月 1 日以每股 37.36 美元買進 Rollins，持有到 2019 年 2 月 28 日以 39.66 美元賣出，則持有 7 個月的報酬率約為 6.2%（＝（39.66 美元／ 37.36 美元－ 1）×100%）（詳見圖 10）。

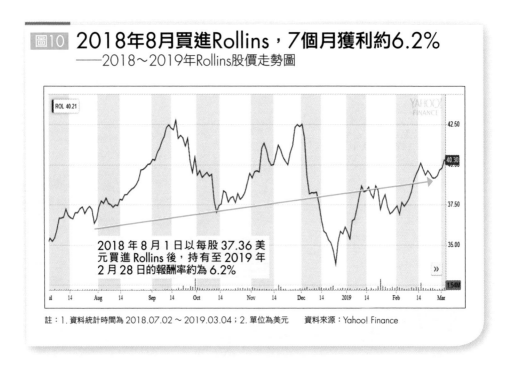

圖10　**2018年8月買進Rollins，7個月獲利約6.2%**
——2018～2019年Rollins股價走勢圖

2018 年 8 月 1 日以每股 37.36 美元買進 Rollins 後，持有至 2019 年 2 月 28 日的報酬率約為 6.2%

註：1. 資料統計時間為 2018.07.02 ～ 2019.03.04；2. 單位為美元　　資料來源：Yahoo! Finance

　　不過，讀者要知道的是，美國的上市公司總共有好幾千家，因此 6-2 ～ 6-4 所介紹的好公司，只是我有發現到的其中一部分而已。只要你能夠學會我在本書中所分享的看財報、選股標準、評價標準等方法，相信你也一定能夠找到屬於自己心目中的好公司。

Note

後記

「時間」終將戰勝「時機」

在這本書中，我們講了這麼多股神華倫‧巴菲特（Warren Buffett）的投資理念、設定了一些選股標準，也讓大家看到我是如何選出好公司的。但進入股市之後，我們還是會面臨許多挑戰，因為每天市場訊息造成的貪婪和恐懼會左右你的投資決定——天底下只有一種股票下跌了，投資人不會覺得心痛，那就是「別人的股票」。

每天財經媒體都會提供大量的財經資訊，我們常常會受到這些訊息影響。然而巴菲特很明確地説過：「波克夏海瑟威（Berkshire Hathaway）從不根據總體經濟上的考慮做出決策。觀察利率本身很有趣，但我不認為利率對投資決策可以產生任何影響。投資決策應由公司業務本身的性質和特點做決定，而非由利率決定。」

實際上，我的經驗也是如此，從總體經濟來做投資決定非常困難，因為你必

須猜測股市何時跌？跌多少？買什麼？何時反彈？但這些問題要全部猜到，我想只有神可以辦到。

要知道《富比世》（Forbes）全球富豪榜上的富豪們，每位手上都擁有最好公司的股票，但沒有任何一位是經濟學家；我也沒有看過因為央行升息，鴻海董事長郭台銘就把手上股票賣光，等低點再重新接回。

如果你看完上述這些說明後，還是想要預測股市漲跌來獲利，那麼在你採取行動之前，請先看完以下資料，再想想自己是否有勝算。

連續 10 次猜中股市漲跌機率僅 0.098%

從美國標準普爾 500 指數（S&P 500）的歷史資料來看，1967 年 4 月 11 日～ 2018 年 4 月 6 日這 50 年間，共有 1 萬 2,835 個交易日，其中有 6,026 天下跌、190 天平盤、6,619 天上漲，機率分別為 46.95%、1.48%、51.57%。你會發現，每天漲跌的機會幾乎是一半一半，也就是跟猜銅板正反面的機率相近。

看起來，50% 的命中機率還滿高的，但猜對第 1 次後，再猜對第 2 次的機率只剩 25%，第 3 次為 12.5%，以此類推，你要連續猜中 10 次的機率為

0.098%，也就是不到千分之 1 的機率，這告訴我們預測股市漲跌有多難。

接著，我們再來看另一個統計資料。S&P 500 在同一期間內，50 年中的 20 個最大漲幅日，有 13 個發生在 20 個最大跌幅日的 1 個月內，意即如果你遇到股市大跌，但預測未來會跌得更慘，想先離場等待低接的機會，市場將有 65% 的機率回報給你一個史詩般的漲幅。也就是說，試圖在股市巨大波動中尋找時機，一旦失敗，代價將會更大（詳見表 1）。

當股市出現巨大的波動，也就是巴菲特所說的「市場下了黃金雨」時，正是危機入市的好時機，但真實的黃金雨看起來像什麼樣子？分享一個經驗，讓想試試身手的人先暖身一下。

2015 年 8 月 24 日，美股開盤沒多久，道瓊工業平均指數就一瀉千里，最多跌了 1,089.42 點。如果要賦予它歷史意義，這是道瓊工業平均指數史上第 1 次單日下跌超過千點的日子；2018 年，道瓊工業平均指數在 2 月 2 日下跌 1,597.08 點、2 月 7 日下跌 1,044.12 點，這兩個單日波動也都超過千點。由此可知，我們隨時都在經歷歷史。

這場 2015 年 8 月 24 日的黃金雨非常華麗卻短暫，跌幅 15% ～ 20% 的績優股滿地都是。不過，說短暫也不是太短，我的印象中，大概維持了 20 ～

表1　S&P 500最大漲幅極可能發生在最大跌幅1個月內
——1967～2018年S&P 500最大跌幅、最大漲幅

排名	最大跌幅		最大漲幅	
	日期	幅度（%）	日期	幅度（%）
1	1987.10.19	-20.47	2008.10.13	11.58
2	2008.10.15	-9.03	2008.10.28	10.79
3	2008.12.01	-8.93	1987.10.21	9.10
4	2008.09.29	-8.81	2009.03.23	7.08
5	1987.10.26	-8.28	2008.11.13	6.92
6	2008.10.09	-7.62	2008.11.24	6.47
7	1997.10.27	-6.87	2009.03.10	6.37
8	1998.08.31	-6.80	2008.11.21	6.32
9	1988.01.08	-6.77	2002.07.24	5.73
10	2008.11.20	-6.71	2008.09.30	5.42
11	2011.08.08	-6.66	2002.07.29	5.41
12	1989.10.13	-6.12	1987.10.20	5.33
13	2008.11.19	-6.12	2008.12.16	5.14
14	2008.10.22	-6.10	1997.10.28	5.12
15	2000.04.14	-5.83	1998.09.08	5.09
16	2008.10.07	-5.74	1970.05.27	5.02
17	2009.01.20	-5.28	2001.01.03	5.01
18	2008.11.05	-5.27	1987.10.29	4.93
19	2008.11.12	-5.19	2008.10.20	4.77
20	1987.10.16	-5.16	2000.03.16	4.76

註：資料統計期間為 1967.04.11 ～ 2018.04.06　　資料來源：Yahoo! Finance

30 分鐘，已有足夠時間下單。

事實上，當天有很多經驗豐富的前輩雖然都有下單，但最後全部失手，原因很簡單，不知道是因為貪婪或是恐懼，每個人都把目標價設得很低，例如跌 30% 或甚至是腰斬的價格，但很多股票最多下跌 20% 後就開始反彈，當他們想要更改目標價時，跌幅已經都收斂到個位數了。

股市一定會大跌，但每次跌的型態都不太一樣，可能慢慢跌，也可能突然暴跌，或分產業跌、個股跌，所以說一定會下黃金雨，但投資人不一定接得到。

投資人因為害怕遇到股災或期待危機入市的想法是可以理解的，但即使你買在最大股災發生的前一天又如何？以 1987 年 10 月 19 日「黑色星期一」為例，道瓊工業平均指數在 1 天之內大跌 22.61%，在這史詩級跌幅的面前，任何跌幅都不算什麼。

那麼，我們就來比較一下，在 1987 年 10 月 16 日買進指數型基金 VFINX（Vanguard 500 Index Fund Investor Shares），和 10 月 19 日崩跌後才買進 VFINX，兩者有什麼不同？

若以黑色星期一 30 週年，也就是 2017 年 10 月 19 日的 S&P 500 收盤價

表2 即使遭遇大股災，VFINX長期年複合成長率仍佳
——1987年股市崩跌前後買進VFINX並持有至2017年的成長率

買進日期	收盤價（美元）	調整股利後的收盤價（美元）	年複合成長率（%）
1987.10.16	28.39	13.80	9.94
1987.10.19	22.58	10.98	10.78

註：年複合成長率以 2017.10.19 收盤價 236.7 美元計算　　資料來源：Yahoo! Finance

計算，調整股利後，兩者的年複合成長率相差 0.84 個百分點，連 1 個百分點都不到。差別在於，1987 年 10 月 16 日是以 28.39 美元的價格買進，10 月 19 日是以 22.58 美元買進，即使中間經歷了 2000 年科技泡沫與 2008 年金融海嘯，但到了 2017 年 10 月 19 日，股價都會變成 236.7 美元（詳見表 2）。

所以傳奇基金經理人彼得‧林區（Peter Lynch）說：「投資人因等待、猜測股市修正所損失的錢，遠多於因股市修正本身所造成的損失。」這也是這本書想傳達的訊息，我希望大家都能透過學習巴菲特的投資方法，讓自己可以避免小股災帶來的大損失，即使經歷大股災，也能安然度過、持續獲利。

投資路上，一開始肯定跌跌撞撞滿身傷，但這些傷最後都會變成獎賞。祝大家投資順利！

國家圖書館出版品預行編目資料

美股達人Joseph揭密：巴菲特準星投資術 / Joseph著. -- 一版. --
臺北市：Smart智富文化, 城邦文化, 2019.05
　面；　公分
ISBN 978-986-97681-0-8（平裝）

1.股票投資 2.證券市場 3.美國

563.53　　　　　　　　　　　　　　　　　108004911

Smart 智富

美股達人Joseph揭密：巴菲特準星投資術

作者	Joseph（朱建雄）
企畫	周明欣
商周集團	
榮譽發行人	金惟純
執行長	王文靜
Smart 智富	
社長	朱紀中
總編輯	林正峰
攝影	翁挺耀
資深主編	楊巧鈴
編輯	李曉怡、林易柔、邱慧真、胡定豪、施茵曼
	連宜玫、劉鈺雯
資深主任設計	張麗珍
封面設計	廖洲文
版面構成	林美玲、廖彥嘉
出版	Smart 智富
地址	104 台北市中山區民生東路二段 141 號 4 樓
網站	smart.businessweekly.com.tw
客戶服務專線	（02）2510-8888
客戶服務傳真	（02）2503-5868
發行	英屬蓋曼群島商家庭傳媒股份有限公司城邦分公司
製版印刷	科樂印刷事業股份有限公司
初版一刷	2019 年 5 月
ISBN	978-986-97681-0-8

 **讀者服務卡**

WBSI0082A1
《美股達人Joseph揭密：巴菲特準星投資術》

為了提供您更優質的服務，《Smart 智富》會不定期提供您最新的出版訊息、優惠通知及活動消息。請您提起筆來，馬上填寫本回函！填寫完畢後，免貼郵票，請直接寄回本公司或傳真回覆。Smart 傳真專線：（02）2500-1956

1. 您若同意 Smart 智富透過電子郵件，提供最新的活動訊息與出版品介紹，請留下
   電子郵件信箱：＿＿＿＿＿＿＿＿＿＿＿＿＿＿＿＿＿＿＿＿＿＿＿＿

2. 您購買本書的地點為：□超商，例：7-11、全家
   　　　　　　　　　　　□連鎖書店，例：金石堂、誠品
   　　　　　　　　　　　□網路書店，例：博客來、金石堂網路書店
   　　　　　　　　　　　□量販店，例：家樂福、大潤發、愛買
   　　　　　　　　　　　□一般書店

3. 您最常閱讀 Smart 智富哪一種出版品？
   □ Smart 智富月刊（每月 1 日出刊）　　□ Smart 叢書　　□ Smart DVD

4. 您有參加過 Smart 智富的實體活動課程嗎？　□有參加　　□沒興趣　　□考慮中
   或對課程活動有任何建議或需要改進事宜：＿＿＿＿＿＿＿＿＿＿＿＿＿＿＿＿＿

5. 您希望加強對何種投資理財工具做更深入的了解？
   □現股交易　　□當沖　　□期貨　　□權證　　□選擇權　　□房地產
   □海外基金　　□國內基金　　□其他：＿＿＿＿＿＿＿＿＿＿＿＿

6. 對本書內容、編排或其他產品、活動，有需要改善的事項，歡迎告訴我們，如希望 Smart
   提供其他新的服務，也請讓我們知道：＿＿＿＿＿＿＿＿＿＿＿＿＿＿＿＿＿

   您的基本資料：（請詳細填寫下列基本資料，本刊對個人資料均予保密，謝謝）

   姓名：＿＿＿＿＿＿＿＿　　　性別：□男 □女

   出生年份：＿＿＿＿＿＿　　　聯絡電話：＿＿＿＿＿＿＿＿

   通訊地址：＿＿＿＿＿＿＿＿＿＿＿＿＿＿＿＿＿＿＿

   從事產業：□軍人 □公教 □農業 □傳產業 □科技業 □服務業 □自營商 □家管

   您也可以掃描右方 QR Code、回傳電子表單，提供您寶貴的意見。

   想知道 Smart 智富各項課程最新消息，快加入 Smart 自學網 Line@。

書號：WBSI0082A1
書名：美股達人 Joseph 揭密：巴菲特準星投資術